Neurocopywriting Al Extremo

Secretos Brutales De La Escritura Persuasiva, El Neuromarketing Y El Storytelling Conmovedor

ALLAN TREVOR

¿Quieres conectar con Allan y acceder a una comunidad exclusiva de lectores? Podrás tener contacto directo y compartir opiniones con Allan y el resto de lectores. También tendrás la oportunidad de recibir descuentos y libros gratuitos casi todas las semanas, además de contar con el apoyo de toda la comunidad. Estarás al tanto de los últimos lanzamientos de Allan y sus futuros libros.

Haz clic en el siguiente link y solicita tu acceso:

http://bit.ly/ComunidadAllanTrevor

O utiliza el siguiente código QR:

Como muestra de agradecimiento a la confianza que has depositado en esta lectura, me gustaría ofrecerte parte de uno de mis libros más populares en Hipnosis Conversacional, totalmente GRATIS

<<Haz clic aquí para descargar GRATIS el libro "Hipnosis Conversacional">>

Este libro está diseñado específicamente para desvelarte todos los secretos de la comunicación persuasiva. Podrás convertirte en un orador con gran influencia hipnótica. De hecho, te sorprenderás al notar que cuanto más leas los patrones secretos de este libro, más será tu habilidad para persuadir a los demás de forma inadvertida.

<<Haz clic aquí para descargar GRATIS el libro "Hipnosis Conversacional">>

O también puedes descargarlo del siguiente código QR:

Neurocopywriting Al Extremo

Secretos Brutales De La Escritura Persuasiva, El Neuromarketing Y El Storytelling Conmovedor

1

¿Qué es el "Neurocopywriting"?

A medida que crece el mundo digital, cada vez aparecen más puestos de trabajo en el mercado. Qué es la redacción publicitaria para vender a la mente y no a la gente o "neurocopywriting" es una pregunta que muchos novatos se hacen. La escritura persuasiva en general, y la redacción de textos publicitarios diseñados de forma específica para hablarle al subconsciente se ha introducido como una parte crucial del creciente mundo tecnológico. Sin escritores que sean capaces de traducir adecuadamente el mensaje de una marca, una empresa seguramente puede contar sus días.

Aunque hay muchos tipos diferentes de escritura en línea, la redacción publicitaria con un toque hipnótica es probablemente la más eficaz, y la que reporta mayores ganancias. La redacción técnica, la redacción de UX y más comparten características similares con la redacción publicitaria, pero cada una es única a su manera.

¿Qué es el "copywriting"?

La redacción publicitaria es un trabajo que tiene una gran demanda debido a la creciente migración a Internet. Casi todas las empresas, empresas o marcas tienen presencia digital, lo que significa que contratar a un redactor es esencial para el éxito en línea. Ya sea que se trate de una pequeña empresa local o de Google, los redactores publicitarios son necesarios.

La redacción publicitaria puede tener muchas formas y tamaños diferentes según para quién esté escribiendo específicamente, pero el concepto general de redacción publicitaria sigue siendo consistente. El concepto de redacción se remonta a siglos atrás porque es esencialmente el proceso de escribir materiales promocionales y de marketing persuasivos. El objetivo de un redactor publicitario es motivar a las personas a realizar algún tipo de acción, como comprar algo, donar, hacer clic en un enlace y más.

La redacción publicitaria incluye material escrito impreso o en línea, así como material hablado, como guiones para videos y comerciales. El texto que está involucrado en este material se denomina "copy". Si vas a algún lado, miras a algún lado o ves algo, lo más probable es que te encuentres con algún tipo de redacción publicitaria. Esto se debe a que vivimos en un mundo de alto consumo y está a nuestro alrededor.

Un ejemplo de redacción publicitaria que puede encontrar en su rutina diaria es una tarjeta promocional pegada en su puerta, anunciando algún tipo de servicio. Puede parecer basura para usted, pero un redactor está detrás de formular las palabras correctas de la manera correcta para optimizar cuántas personas realmente toman en cuenta el anuncio.

La mayoría de los escritos con los que te encuentras se consideran redacciones publicitarias escritas por un redactor. Esto incluye palabras simples como "Comenzar" en la página de inicio de un sitio web para redirigirlo a más información o un botón "Leer más" que lo lleva a un artículo largo. Esto se considera redacción persuasiva.

Si alguna vez se ha encontrado en YouTube o Facebook, es posible que esté familiarizado con los videos de "instrucciones". Estos tipos de videos se consideran redacción hablada en lugar de redacción escrita. Simplemente muestra todas las diferentes formas de persuasión y promoción que puede crear con las palabras correctas.

El día a día de un redactor

Puede ser difícil imaginar realmente lo que hace alguien que trabaja como redactor en su jornada laboral diaria. Ya sea que sea un redactor publicitario independiente o un redactor en plantilla, sus objetivos suelen ser los mismos. Si está pensando en contratar a un redactor, es importante que pueda visualizar cómo deberían ser sus tareas diarias.

En primer lugar, la redacción publicitaria implica tanto escribir como investigar. Un redactor publicitario del personal o contratista generalmente comenzará el día con una reunión en la que se le da un proyecto de algún tipo. Lo más probable es que el redactor revise el progreso, obtenga comentarios sobre el trabajo y trabaje para que se aprueben los proyectos.

A partir de aquí, se dedicará el día a trabajar en estos diferentes proyectos, así como a colaborar con los equipos creativos y de marketing para cumplir con todo lo que se necesita hacer. Muchas personas no se dan cuenta de lo bueno que debe ser un redactor colaborativo para tener éxito en su trabajo porque asumen que es un trabajo solitario y en un cubículo. La realidad es que lo más probable es que un redactor publicitario sea uno de los puestos más conectados en una oficina.

La redacción publicitaria independiente difiere en algunos aspectos. Por un lado, un freelancer puede trabajar en el momento que quiera. No se requerirá que un trabajador independiente vaya a una oficina o se adhiera a la política de una empresa. Lo más probable es que él o ella tenga registros y llamadas con los clientes, reuniendo todo el trabajo que debe hacerse. A diferencia del trabajo en plantilla, un redactor publicitario freelance es responsable de encontrar su propio trabajo y conseguir sus propios clientes para escribir.

¿Por qué es importante la redacción publicitaria?

A medida que el mundo cambia a nuestro alrededor, es importante mantenerse actualizado con las nuevas tendencias del mercado, la tecnología en evolución y las preferencias de los consumidores. Una buena redacción tiene muchos beneficios que la mayoría de las empresas exitosas no pasan por alto en la actualidad.

Un redactor talentoso puede hacer que una empresa tenga tasas de conversión más altas en páginas importantes, mejorar la estructura y el flujo de los artículos, crear más participación en las publicaciones de las redes sociales, inclinar a más personas a compartir su contenido y comprender verdaderamente las necesidades y deseos de sus clientes. Al considerar todo lo que se necesita hacer para una campaña de marketing exitosa, los redactores son esenciales para la ecuación.

La redacción publicitaria puede mejorar prácticamente todos los elementos de las estrategias de marketing de su empresa. Los redactores se equipan con toda la información necesaria antes de asumir la tarea de comunicarse de manera efectiva con la clientela y los clientes potenciales. Esta comunicación es clave para que un negocio o una marca tenga un futuro largo y exitoso.

Los redactores publicitarios también son hábiles y responsables de crear guiones de video para comerciales, publicar blogs, mantener la voz de la marca en correos electrónicos de divulgación y en descripciones de videos de YouTube, y crear preguntas para entrevistas, comunicados de prensa y más. La redacción publicitaria es una forma de que una empresa hable con sus clientes, así como de difundir la identidad de la marca de una manera que sea más consumible para el público.

Al final del día, la descripción del trabajo de un redactor publicitario incluye impulsar la rentabilidad de la empresa. Los redactores publicitarios son los encargados de convencer al mundo de que su negocio es fundamental para la vida de las personas, algo que no es fácil de hacer. Ya sea a través de una descripción de podcast o un comunicado de prensa completo, los redactores están destinados a ser los mejores comunicadores de la sala, por lo que sus funciones son cruciales.

Convertirse en un redactor

Convertirse en un redactor implica mucho más de lo que algunas personas pueden pensar. Al escuchar el nombre, es común asumir que todo lo que hacen los redactores publicitarios es escribir, pero la redacción publicitaria implica impresionantes habilidades de comunicación, atención a los detalles, conocimientos de investigación, creatividad y más.

No existe una forma única de convertirse en redactor publicitario. Tu curso de acción depende en gran medida del tipo de escritura que quieras hacer y dónde. Si prefiere la ruta independiente, la redacción publicitaria independiente puede ser su taza de té. Si prefiere más estructura y trabajar para una gran empresa, ser contratado para ser un redactor en el sitio sería más adecuado para usted. Si no le importa y sabe que todo lo que quiere hacer es ser un redactor de sitios web, puede considerar encontrar trabajo por contrato.

Sin embargo, antes de sumergirse en esta profesión, hay algunas cosas que debe hacer primero. Comprender la redacción publicitaria y sus conceptos básicos está en la parte superior de esa lista. Debe tener una comprensión profunda de las necesidades del cliente, la escritura, el marketing, la psicología humana y las estrategias de investigación antes de buscar un trabajo como este.

También debes ser consciente del nicho en el que quieres caer. Hay muchas empresas, marcas y personas diferentes que buscan redactores publicitarios, pero si no sabe qué tipo de contenido es mejor para escribir, es posible que se pierda en todas las demandas. Por ejemplo, si le encanta viajar, es posible que desee concentrarse en escribir para diferentes blogs de viajes en lugar de para una empresa de automóviles.

Crear una cartera también es crucial para convertirse en redactor. Un portafolio es donde puedes mostrar tu trabajo y adaptarlo a los intereses y necesidades del cliente. Una cartera de redacción publicitaria se denomina cartera mínima viable o MVP, y consiste en su trabajo de muestra que está dirigido a ese negocio específico. Por lo general, está cuidadosamente construido, tiene entre 200 y 500 palabras y representa la calidad de su escritura para sus clientes.

Por último, para convertirse en redactor publicitario, debe aprender y comprender a fondo el mercado para poder promocionarse correctamente. Espera persuadir a las personas con su escritura, por lo que la colocación de productos, las estrategias de marketing, el público objetivo, la identidad de la marca y el conocimiento general de las personas son todas las cosas en las que debe ser un experto. Así es como ganas clientes o consigues que la gente caiga en la campaña de marketing de tu empresa.

Habilidades de un redactor

Si buscas adentrarte en el mundo de la redacción publicitaria, es importante reflexionar sobre si cuentas con las habilidades necesarias para ejercer la profesión. La redacción publicitaria no es solo escribir algunos artículos aquí y allá, y si lo es, sus habilidades de escritura deben ser estelares. Su voz debe ser capaz de reflejar la marca, debe haber pocos o ningún error gramatical o errores, y su escritura debe ser persuasiva y atractiva.

es necesario como redactor tener increíbles habilidades de investigación. Nadie en el mundo sabe todo sobre nada, por lo que la investigación es necesaria a la hora de hablar de la empresa y su marca, así como facilitar una estrategia de marketing que más atraiga a su clientela. Debe conocer al máximo la voz de la marca, así como lo que buscan los clientes de la marca.

Los redactores publicitarios tienen la capacidad de tomar algo que es viejo y hacer que suene nuevo nuevamente. Según las demandas de los motores de búsqueda, los usuarios de Internet y la empresa para la que trabaja, su escritura debe ajustarse en consecuencia. A veces, esto significa que tendrá la tarea de tomar información vieja y aburrida y hacer que suene nueva y fresca. En cierto modo, los redactores publicitarios deben ver la belleza incluso en los temas más aburridos.

La experiencia del usuario es fundamental en la redacción. Esta es la razón por la cual un redactor publicitario debe ser competente en la comprensión de la experiencia del usuario. Debería poder utilizar palabras clave para centrarse en las necesidades del usuario, crear titulares que atiendan a la clientela y adaptar el contenido a lo que el lector espera escuchar. En lugar de simplemente atraer a los motores de búsqueda, también debe poder atraer a cualquier persona que tropiece con su trabajo.

Estrategias de Redacción

Hay muchas estrategias diferentes que los redactores utilizan para mantener la coherencia en su trabajo y prepararlos para el éxito sin importar lo que estén escribiendo. Ya sea que esté escribiendo para un cliente que trabaja en la industria alimentaria o para un cliente que trabaja en la industria de la aviación, sus estrategias básicas deben seguir siendo las mismas.

En primer lugar, es importante que mapees las personas de tu audiencia. Esto significa que debe crear una idea de quién está en su audiencia y atenderlos. A algunos redactores les gusta inventarse una persona en su cabeza que encaje perfectamente con el público objetivo de esa empresa, solo para no olvidar a quién le están escribiendo. Esta estrategia ayuda a largo plazo cuando estás evaluando tu escritura y su efectividad.

Otra estrategia es usar todos los trucos persuasivos que conozcas. La sutileza es importante en la redacción publicitaria, pero no se insiste en ella. Esto se debe a que la mayoría de las personas saben cuándo se les está comercializando y no les importa, siempre que lleguen a los lugares correctos. Si su escritura persuasiva es contundente pero efectiva, eso es todo lo que importa. Un ejemplo de una técnica de persuasión fuerte implica reciprocidad. Esto significa hacer creer a los clientes que están haciendo tanto por usted como usted por ellos.

Otra estrategia de redacción es escribir títulos claros y concisos. La mayoría de las personas no quieren usar su tiempo leyendo un artículo para determinar si responde a su pregunta, por lo que a menudo optarán por hojear los titulares para encontrar lo que están buscando. Intente hacer que las primeras y las últimas tres palabras de sus títulos y subtítulos contengan la información más importante. De esta manera, los lectores asumirán que su escrito tiene las respuestas que buscan sin tener que escanear todo el artículo para encontrarlo.

El modelo AIDA se refiere al formato y estructura de una redacción publicitaria. 'A' significa atraer la atención, 'I' significa despertar interés, 'D' significa crear un fuerte deseo y 'A' significa llamar a la acción. El modelo AIDA es una forma segura de captar el interés de los lectores y mantener su atención a lo largo de su escritura.

2
Cómo la emoción influye en el comportamiento de compra (y los especialistas en marketing pueden usarla)

A pesar de millones de años de evolución y el desarrollo del pensamiento abstracto y el pensamiento crítico, los humanos aún dependen en gran medida de las emociones al tomar decisiones.

Así es, independientemente de todo su análisis de datos y de la increíble lista de pros y contras que hizo, su decisión de comprar (y la de sus consumidores) está influenciada en gran medida por una de las áreas cerebrales más primarias y menos por lo que nos hace tan inteligentes.

Debido a esto, como especialistas en marketing, debemos ser maestros en conectarnos emocionalmente con clientes y clientes.

Douglas Van Praet, el autor de *Marca inconsciente: cómo la neurociencia puede empoderar (e inspirar) el marketing*, lo expresa perfectamente, diciendo:

"La verdad más sorprendente es que ni siquiera pensamos en soluciones lógicas. Sentimos nuestro camino hacia la razón. Las emociones son el sustrato, la capa base del circuito neuronal que sustenta incluso la deliberación racional. Las emociones no obstaculizan las decisiones. ¡Constituyen la base sobre la que están hechos!

No se puede ignorar el papel que juegan nuestras emociones a la hora de tomar decisiones. ¿Qué significa esto para los especialistas en marketing que intentan influir en una decisión de compra u obtener una ventaja?

Los especialistas en marketing deben apelar a los deseos y necesidades de sus compradores. Es una respuesta primaria; la gente ve lo que quiere y actúa.

Este capítulo lo ayudará a comprender por qué y cómo puede capitalizarlo con su comercialización.

La biología de comprar

El profesor de Neurociencia de la Universidad del Sur de California, Antonio Damasio, sostiene que la emoción es necesaria en casi todas las decisiones.

Ha realizado investigaciones en personas con discapacidad emocional, pero cuyas áreas de "pensamiento" del cerebro no se ven afectadas.

Estos sujetos pudieron procesar información y pensar críticamente, pero no pudieron tomar decisiones porque carecían de sentido de cómo se sentían acerca de sus opciones.

Incluso cuando se trataba de decisiones simples como qué comer, describían lo que debían hacer y tenían razones para hacerlo, pero aun así no podían llegar a una decisión final.

La ciencia detrás de las compras emocionales

Ha sido estudiado una y otra vez; Las pruebas de fMRI han demostrado que cuando los sujetos evalúan productos o marcas, sus sistemas límbicos (donde se originan nuestros sentimientos, memoria y juicios de valor) se encienden, mientras que los centros de procesamiento y análisis de datos de sus cerebros quedan en gran parte sin estimular. En otras palabras, la mayoría de las decisiones de compra que toma la gente son emocionales, no prácticas.

Cuando las decisiones que toman los humanos se basan en gran medida en cómo se sienten, los especialistas en marketing pueden sacar provecho comunicando un sentimiento y eliminando el énfasis en los hechos fríos y concretos. Debe apelar al *ser humano,* no al comprador.

Cómo usar las emociones en el marketing

Entonces, ¿cómo pueden ayudar estas emociones a difundir tu contenido?

Nos encanta jugar con lo complejos que son nuestros cerebros evolutivamente avanzados, pero una investigación de la Universidad de Glasgow sugiere que, en realidad, todas nuestras emociones modernas provienen de 4 sentimientos centrales; feliz, triste, asustado/sorprendido y enojado/disgustado.

Estas son las emociones que nos permitieron sobrevivir frente a la adversidad. Están integrados en nuestros cerebros y no deben ignorarse al publicar contenido.

Esto se comprueba al mirar lo que se vende en los medios.

Contenido positivo frente a contenido negativo

Feliz = Más Acciones

No es ningún secreto, la regla clásica "Si sangra, lidera" domina nuestros informativos nocturnos. Sin embargo, esta regla se rompe cuando se aplican plataformas de redes sociales, según el psicólogo social de la Universidad de Pensilvania, Jonah Berger:

"La regla de 'si sangra' funciona para los medios de comunicación que solo quieren que los sintonice, quieren sus globos oculares y no les importa cómo se sienta. Pero cuando compartes una historia con tus amigos y compañeros, te importa mucho más cómo reaccionan. No quieres que piensen en ti como Debbie Downer".

Los experimentos de Berger con el contenido que se comparte mostraron que es mucho más probable que se compartan artículos positivos que artículos sobre temas tristes.

Como especialista en marketing, esto significa que podría beneficiarse al destacar noticias positivas, beneficios o avances relacionados con su negocio/sector.

Por ejemplo, si está en los servicios financieros, puede compartir información sobre el repunte del mercado de valores, o si está en la oficina de un veterinario, quizás hable sobre April, la jirafa.

Triste = más clics

Dejando a un lado las acciones, hay algo de valor en la filosofía de "si sangra, lidera".

Las investigaciones muestran que las palabras con connotaciones negativas tienden a atraer más clics y aperturas.

De hecho, Outbrain descubrió que los superlativos negativos (como nunca o peor) funcionan un 30 % mejor para llamar la atención que un titular sin ningún superlativo.

Entonces, ¿qué pasa con los aspectos positivos como "siempre" o "mejor"?

De hecho, lo hicieron mucho *peor* que los titulares sin un superlativo. En términos de tasas de clics (CTR) para los dos grupos, los titulares con superlativos negativos tenían un CTR asombroso 63% más alto que el de sus contrapartes positivas.

En pocas palabras: se hace clic y se leen las noticias negativas, pero las noticias felices se comparten más.

¿Cómo pueden los especialistas en marketing utilizar esto en su beneficio?

1. Presta atención a los titulares

BuzzSumo analizó millones de artículos virales en 2016 y descubrió que el simple hecho de incluir la palabra "amor" en un título puede tener un gran impacto en el compromiso social y las acciones. Entonces, comparte el amor y tu contenido también será compartido. Por ejemplo, si está creando una publicación sobre ejemplos asombrosos de anuncios de Facebook, elija el título "13 anuncios de Facebook que les encantarán a sus prospectos".

Para aumentar la participación y las vistas de su contenido, como muestra el estudio de Outbrain, use superlativos negativos en lugar de positivos. Cambie ese título de "Las mejores maneras de mejorar su juego corto" a "7 peores errores que puede cometer tratando de patear".

2. Agregue un poco de humor

A las personas no solo les gusta compartir contenido entretenido, sino que quieren extender su propio sentido del humor a aquellos con quienes se conectan en línea. Haz reír a la gente con tu contenido y observa cómo aumentan las acciones.

Echa un vistazo a esta publicación del New Yorker:

Esta publicación obtuvo el doble de acciones que cualquier otra publicación en su sitio en 2015.

3. Juega el factor WOW

Apele el sentido de curiosidad de las personas con algo que les haga decir "¡Guau!" Algo inesperado o misterioso evoca una sensación de asombro y hace que las personas quieran hacer clic en su contenido.

Por ejemplo:

Study: Drinking Champagne Can Improve Memory And Prevent Dementia.

¿Ese titular no te hace querer leer más?

Si bien las afirmaciones de ese estudio terminaron siendo en su mayoría falsas, generó un gran revuelo en Internet en 2015. Fue convincente.

Eso no significa que deba sucumbir a los titulares sensacionalistas, que pueden resultar como un "cebo de clic" de spam, pero sea creativo. Encuentre formas convincentes de enmarcar sus temas o compartir noticias relacionadas "asombrosas".

Pero, ¿qué pasa con las conversiones?

También puede apelar a las emociones primarias de las personas para aumentar las conversiones y las ventas, no solo los clics o las acciones.

Como especialistas en marketing, nos jactamos rápidamente de nuestros excelentes productos que lo ayudan a "hacer X mejor" o "hacer que el problema Y desaparezca". Sin embargo, resulta que esto atrae completamente a la mitad equivocada del cerebro.

Si bien los hechos y los datos concretos pueden ayudar a probar el valor de un producto, la mitad izquierda del cerebro que procesa esta información esencialmente no tiene ningún papel en el procesamiento emocional, que sabemos que juega un factor clave en la toma de decisiones. El cerebro izquierdo es todo palabras y números *(es decir, esas asombrosas estadísticas y datos que estás usando para tratar de vender)*, mientras que el cerebro derecho se comunica en sentimientos e imágenes.

Entonces, ¿cómo apelar a la mitad derecha, posiblemente la mitad más influyente? El cerebro derecho no solo está a cargo de las emociones, sino que también tiene una inclinación visual, lo que hace que las imágenes sean el medio elegido cuando se trata de invocar una respuesta emocional con su comercialización.

Emociones en imágenes

¿Cómo están las imágenes tan estrechamente conectadas con la emoción?

No importa cuán inteligentes se vuelvan los humanos, primero somos esclavos de nuestros instintos.

Para ilustrar, pensemos en ello de esta manera. Cuando tenemos hambre, comemos. ¿Cansado? Nosotros dormimos. ¿Vemos un animalito o un niño indefenso? Queremos exprimirlo, o al menos "comerlos".

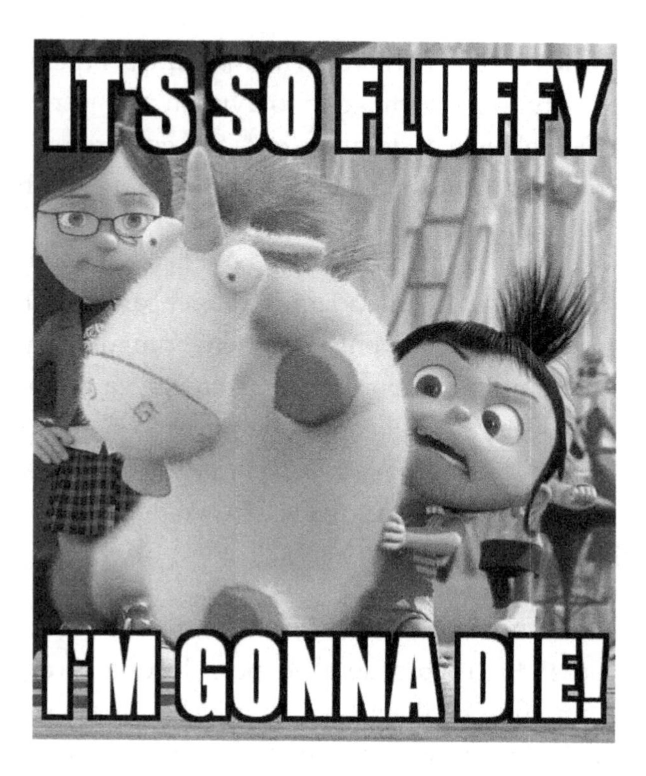

¿Esperar? Eso apenas parece lógico, pero estoy seguro de que la mayoría de ustedes pueden relacionarse.

Muestra el poder que tienen las imágenes para liberar hormonas y provocar emociones que a veces no podemos controlar.

Quiero decir, ¿por qué queremos "comernos" o causar daño a estas pequeñas criaturas peludas, de ojos grandes?

De acuerdo con un estudio realizado por Rebecca Dyer en Yale, ver imágenes de animales lindos llama a nuestros instintos primarios para cuidarlos, y dado que no podemos atravesar la imagen y abrazarlo, nos volvemos un poco locos.

La frustración de no poder cuidar al animal se libera en forma de agresión, provocando que queramos apretar al animal.

Entonces, ¿por qué estoy compartiendo todo esto? Este es solo un ejemplo de cómo nuestros instintos primarios se manifiestan en nuestra vida cotidiana, y también un ejemplo de cómo los especialistas en marketing pueden usarlo para provocar acciones.

Para probar el papel que juegan las emociones en la toma de decisiones y las conversiones, un experimento realizado por UCLA y la Universidad George Washington rastreó la actividad cerebral de los consumidores mientras miraban anuncios.

Algunos usaron los números y cifras detrás de un producto para vender, por ejemplo, "Esta computadora tiene 16 Gigabytes de RAM", mientras que otros fueron más vagos, presentando escenas divertidas o sexys que parecían no tener nada que ver con el producto.

Los resultados fueron como cabría pensar: los anuncios con hechos y cifras provocaron una mayor actividad en las áreas del cerebro encargadas de tomar decisiones.

Genial, ¿verdad? -- Incorrecto.

Resulta que esas mismas áreas del cerebro involucradas en el marketing de decisiones también están involucradas en la inhibición del comportamiento. En otras palabras, los hechos y las cifras estimulan las áreas del cerebro que realmente impiden una compra impulsiva.

Cuando se estudió al grupo que miraba los anuncios dirigidos a las emociones, la actividad en el centro de decisiones del cerebro con el otro grupo de anuncios fue insignificante, lo que significa que los anuncios vagos que eran casi irrelevantes para el producto pueden conducir a una menor restricción en el proceso de compra.

Por lo tanto, es literalmente mejor casi ignorar por completo los centros de decisión e ir directo a los centros emocionales del sistema límbico. Puede mostrarles a sus prospectos algo divertido e invocar una respuesta emocional en sus cabezas, lo que los hace más propensos a comprar.

Cómo usar imágenes para aumentar las conversiones

La imagen correcta puede hacer maravillas para aumentar las tasas de conversión al jugar con las emociones humanas. Si los haces sentir bien, tomarán medidas. Tenga eso en cuenta al elegir imágenes para su sitio o artículo.

Las imágenes positivas sacan a relucir emociones positivas y las negativas provocan negativas. Ya sea que se trate de una cara feliz y una sonrisa o de la visión de un cliente satisfecho, el uso de imágenes puede hacer que los espectadores tengan la mentalidad adecuada para convertir.

A pesar de toda la charla científica sobre cómo sucumbimos a nuestras emociones, sus visitantes y clientes no son estúpidos. Saben que cada acción que realizas es con la esperanza de que gasten su dinero en tu empresa, ¡así que acéptalo!

Haz que se sientan bien, felices, orgullosos, queridos, y si están de acuerdo con el mensaje que estás transmitiendo, se conectarán mejor con tu marca.

Echa un vistazo a esta impresionante imagen de la página de inicio de Elements Massage.

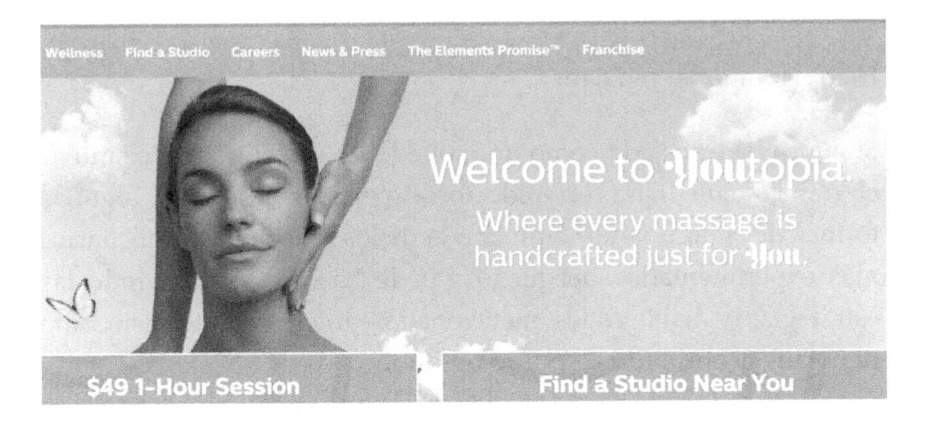

Esta imagen funciona bien porque no solo muestra lo que la empresa tiene para ofrecer, sino que también te hace sentir feliz y relajado.

No puedes mirar esta imagen y no imaginar lo bien que te sentirías con su producto. ¿Quién no quiere estar tan relajado?

Punto clave

Mientras que como humanos no salivamos con el sonido de una campana en la anticipación de la comida, todavía somos esclavos de nuestras emociones y nuestro cerebro primario.

Al comprender el grado en que nuestros cerebros dependen de las emociones al tomar decisiones, los especialistas en marketing pueden apelar a los sentimientos de los clientes para impulsar sus clientes potenciales e incluso las ventas.

Lo que tenemos que hacer es reconocer el valor que tiene la investigación cognitiva en el marketing y utilizarla para apuntar a los corazones, no a las cabezas. Propóngase crear un sentido de inspiración en el área del cerebro que busca conexión y un sentido de pertenencia, y construya una estrategia que lo enfatice.

Escribir como un redactor

Si nunca ha trabajado como uno, puede ser difícil tratar de emular el trabajo que haría un redactor experimentado. Hay algunas formas de crear una voz similar a la de los redactores publicitarios más experimentados del juego. Puede hacer esto utilizando las estrategias y habilidades mencionadas anteriormente, así como también encontrando su punto óptimo.

Un punto óptimo se refiere a dónde y cuándo trabajas mejor. La mayoría de los redactores de repente no saben exactamente qué escribir al escuchar el proyecto u objetivo en cuestión. La mayoría de las veces, se necesita colaboración, lluvia de ideas e investigación meticulosa para lograr la mejor escritura posible. Si quiere ser un redactor, tendrá que emplear estas estrategias y descubrir qué funciona para usted.

Por un lado, es importante 'leer la habitación'. La conciencia de lo que se le pide, así como lo que más atraerá a un público objetivo, es esencial al escribir. Puede ser poco natural al principio, especialmente si ya ha establecido una voz específica con su escritura, pero la adaptación es la clave para la redacción publicitaria. Debe poder recibir información y luego cambiar en consecuencia.

Para escribir como un redactor, la práctica es crucial. Las personas que llevan décadas trabajando como redactores aseguran que el aumento del comercio online les supuso un torbellino de cambios, pero como ya estaban acostumbrados a pivotar en función del cliente, no tuvieron problemas para adaptarse a los nuevos cambios.

No solo habrá cambios en las tendencias del mercado, sino que también puede esperar cambios en la optimización de motores de búsqueda y las habilidades que deben implementarse para estar en la parte superior de la página de resultados de un motor de búsqueda. En la mayoría de las industrias, este cambio puede ser abrumador, pero como redactor publicitario, debe aceptarlo para hacer su trabajo de manera completa y efectiva.

La redacción publicitaria es una profesión para la que debes estar dispuesto a adaptarte y aprender. Las diferentes habilidades requeridas para ingresar a la redacción publicitaria son poder explicar, inspirar y persuadir a través de la escritura; tener una habilidad especial para investigar; y tener la capacidad de comunicarse de manera efectiva. Si tiene estas habilidades y el deseo de aprender todos los días, ser un redactor publicitario es perfecto para usted.

La redacción publicitaria no es un trabajo fácil de realizar, y eso es evidente en la dedicación necesaria para ingresar al campo y mantenerse al día con todos sus cambios. No solo necesita habilidades específicas, sino que tener experiencia es crucial para comprender cómo se cruzan el mundo en línea y el mundo de la escritura. Al perfeccionar sus habilidades y aprender los entresijos de la redacción publicitaria, puede estar un paso más cerca de convertirse en un redactor publicitario.

3

7 Fórmulas De Copywriting Ultra Efectivas Para Provocar Efecto Estampida

La gran mayoría de las personas que se interesan por el copywriting para aumentar las ventas en su negocio o para dar ese servicio a los clientes, buscan primero las fórmulas de copywriting más exitosas.

¿Por qué?

Porque son un instrumento que nunca falla para escribir textos de venta eficaces.

Y hay muchas.

En este ensayo, hablaré de siete fórmulas de copywriting que creo que son las más exitosas y que utilizo en mis textos, pero ten en cuenta que hay muchas más.

Al fin y al cabo, se trata de organizar la misma información que debe estar presente para ser convincente, pero de diferentes maneras.

Veamos cada una de estas fórmulas con ejemplos.

Índice de contenidos

- ¿Qué son las fórmulas de copywriting y cómo se utilizan?

- Lo que debes saber sobre las fórmulas de copywriting antes de emplearlas

- Fórmulas de copywriting que tienen más éxito

- En tus escritos, ¿qué fórmula de copywriting utilizarías?

¿Qué son las fórmulas de copywriting y cómo se utilizan?

Las fórmulas de copywriting son reglas para estructurar un mensaje de ventas y hacerlo totalmente convincente.

Están ahí desde los albores de la publicidad, ya que necesitan un profundo conocimiento de la psicología del cliente y la capacidad de conectar con él a todos los niveles para despertar el deseo de adquirir un producto o servicio.

Y podemos emplear una gran variedad de fórmulas en cualquier texto con un objetivo de venta.

En realidad, como todas forman parte del marco persuasivo, suelen tener las mismas características, aunque difieren en la secuencia y enfatizan unas partes más que otras.

El que elijas vendrá determinado por lo que estés vendiendo, dónde lo estés vendiendo y cómo lo estés comercializando.

A continuación verás a qué me refiero.

Antes de utilizar fórmulas de copywriting, hay algunas cosas que debes saber.

Antes de empezar a emplear fórmulas de copywriting en tus escritos, ten en cuenta que no es lo mismo que usar una plantilla.

Cuando la mayoría de las personas aprenden por primera vez sobre copywriting, confunden esto.

Una plantilla es una guía que puede utilizar para rellenar los espacios en blanco.

Cuando la empleas, trabajas de acuerdo con ella.

Las fórmulas, en cambio, son completamente adaptables.

Se pueden utilizar como referencia para elegir qué aspectos deben incluirse en tu argumento de venta persuasivo, pero no tienes que seguirlas exactamente.

Dos escritos que sigan la misma fórmula pueden (y deben) ser muy diferentes.

Cuando escriba, puede utilizarlas para establecer su estilo y personalidad únicos.

El uso de plantillas, por el contrario, hace que sea difícil ser único, y todos los textos acaban pareciendo iguales.

Así que vamos a ver las fórmulas de copywriting más comunes que te recomiendo aplicar en tus escritos.

Fórmulas de copywriting que funcionan

Fórmula PAS

En copywriting, la fórmula PAS es una de las más conocidas y eficaces.

Funciona con todo tipo de textos y canales de comunicación, incluidos los medios sociales, los anuncios, los correos electrónicos, los sitios de venta y adquisición, etc.

Se trata de una estrategia que llega al corazón de las emociones de un cliente potencial, aprovechando sus áreas de dolor.

¿Por qué tiene tanto éxito? Exactamente por esto.

Porque cuando algo nos molesta o nos hace la vida desagradable de alguna manera, buscamos un remedio más rápidamente que si actuamos por capricho.

Permítame explicar el método PAS:

P significa "problema".

agitación (A) agitación (A) agitación (A)

S significa "solución".

Usted expone una dificultad que su cliente potencial puede estar experimentando en su vida diaria. El uso de la narración en esta fórmula es bastante habitual, ya que si estudias a fondo a tu cliente objetivo, puedes construir un relato con el que pueda empatizar y que despierte su interés. Ese tema estará indisolublemente ligado a su queja más acuciante.

Agitación: La agitación te lleva a la cúspide del dilema. Es el resultado de no corregirlo, y es un lugar al que su consumidor potencial preferiría no ir. De este modo, le "abrimos los ojos" y la persona se da cuenta de que necesita modificar su estado.

Solución: Aquí es donde su producto o servicio será útil. Usted conduce al individuo a través del relato desde su dilema hasta las implicaciones de permanecer en esa circunstancia, y finalmente a la solución que usted recomienda.

INSTRUCCIONES PARA EL PASTOR

Esta es una versión más avanzada de la fórmula PAS que se utiliza sobre todo en los sitios de venta.

Es tan potente como la anterior y se redacta de la misma manera, con la excepción de que incluye testimonios y preguntas frecuentes, una descripción de la oferta que quieres vender, incluyendo el precio y todo lo que incluye, y una llamada a la acción al final.

Es la más utilizada para los servicios y la formación, aunque puede usarse en cualquier página de ventas.

P significa "problema".

agitación (A) agitación (A) agitación (A)

S significa "solución".

testimonios (T)

O - oportunidad

R significa "reacción".

En las páginas de aterrizaje de los maestros del marketing y la escuela web, utilizo la fórmula PASTOR.

Fórmula AIDA

Debido a su eficacia persuasiva, el enfoque AIDA es uno de los más empleados en cualquier campaña de marketing.

Puede utilizarse en una gran variedad de situaciones y argumentos de venta.

El fundamento es sencillo:

La curiosidad es el aspecto más asombroso de esta estrategia, que es uno de los desencadenantes mentales más fuertes para la venta.

La curiosidad está en el centro de esta fórmula.

La curiosidad es la herramienta más eficaz para atraer la atención y guiar al individuo hacia la venta.

La A significa atención, la I interés y la D deseo.

La A es de acción.

Con este enfoque, empleamos un titular o una frase de introducción que capta la atención del lector y despierta su interés.

Contamos una historia o presentamos un argumento que mantenga la atención del lector durante todo el texto.

Lo conectamos con nuestra oferta de forma que suene atractiva y beneficie a la persona.

Por último, les animamos a actuar de acuerdo con el objetivo que hemos fijado (comprar, reservar, suscribirse, contactar...).

Cuando utilizamos AIDA en publicidad, es muy habitual que la A sea la imagen del propio anuncio, porque es lo que llama la atención de la gente y hace que se detenga a leer el contenido.

Fórmula Antes - Después - Puente (BAB)

La fórmula BAB es también una de las más conocidas y utilizadas en la publicidad.

Pensemos en los anuncios de artículos de adelgazamiento o de cosmética.

Para empezar, demuestre la posición actual del cliente, que le produce angustia o una necesidad que debe satisfacer. Llamemos a este punto A. A continuación, se refleja el estado al que puede llegar si corrige el problema o toma medidas. Finalmente, tenemos la respuesta para llegar al punto B, que es nuestro producto o servicio.

Es una fórmula que enfatiza el proceso de transformación para que el cliente vea lo que puede conseguir si cree en nuestra marca.

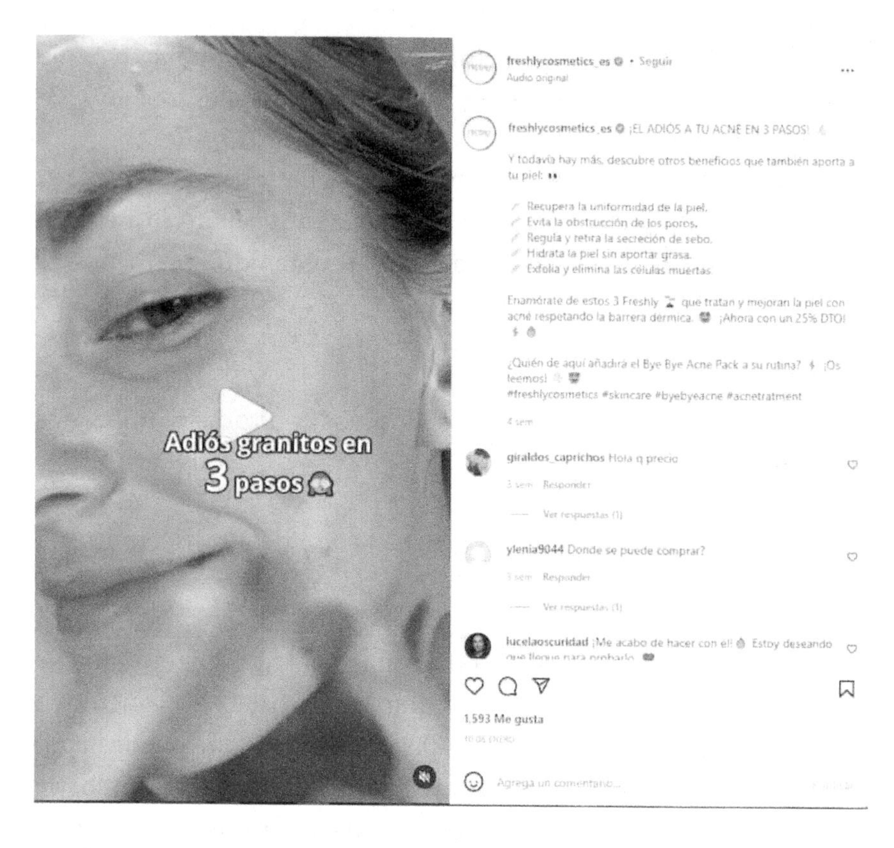

La fórmula BAB se utiliza con frecuencia en las redes sociales, y el formato de carrusel, especialmente el de vídeo, facilita la aplicación de este método persuasivo.

Puedes utilizar material visual para representar el antes y el después en fotos, o puedes describirlo con palabras, permitiendo al lector crear su propia imagen mental de dónde está ahora y a dónde podría llegar en el futuro gracias a tu producto o servicio.

Freshly Cosmetics, un negocio de cosmética natural que está arrasando y que destaca por su marketing en Internet, es un ejemplo de ello.

De vez en cuando emplea la fórmula BAB en sus publicaciones para destacar los resultados del antes y el después de los consumidores que han utilizado sus productos. En el contenido de la publicación habla de los beneficios que ofrece el producto y de los motivos por los que se ha producido ese cambio.

La oferta por tiempo limitado es también una llamada a la acción.

Fórmula DALE

Por ser breve y directa, la fórmula DALE se emplea con frecuencia en los anuncios.

D - angustia

A - atención

L - llamada a la acción

E - significa expectativa.

Atacar el punto de angustia del consumidor potencial y mantener su atención utilizando testimonios, datos estadísticos que respalden lo escrito o una narración o circunstancia con la que se pueda identificar.

Creamos expectación por los beneficios que pueda aportar nuestro producto o servicio, y animamos a la gente a actuar.

Como ves, se trata de otro método de captación de atención y persuasión que utiliza las mismas características.

Tampoco se trata de colocar cada componente en un orden preciso.

Más bien, al escribir el texto de su anuncio, piense si se ajusta a todos estos criterios para ser 100 por ciento convincente.

Fórmula PIPE

Esta técnica ha sido utilizada para promocionar artículos de diversa índole durante décadas por periódicos y revistas, y también tiene una larga historia en la industria del marketing.

Promesa,

Imagen

Prueba

Empuje

Esta fórmula se utiliza en todos los anuncios clásicos.

Una imagen llamativa que ilustra lo que se quiere promocionar.

Una promesa llena de ventajas que el producto puede proporcionar al comprador. Ten cuidado de no crear demasiadas expectativas, ya que nunca debes prometer nada que no puedas cumplir o que no puedas garantizar.

Testimonios o pruebas que respalden la eficacia del producto. Aquí puedes incluir historias de éxito, así como el número de consumidores que lo han probado previamente y lo que dicen los expertos... el objetivo es transmitir autoridad y confianza.

La llamada a la acción, o las medidas que la gente debe hacer para comprar.

He aquí una ilustración:

Nuevo Jetta Carat. Lujosa dimensión de la experiencia europea.

Sólo un auto puede presentar una lujosa visión de la experiencia europea: Nuevo Jetta Carat. Una dimensión de detalles refinados de piel y buen gusto, que armonizan con el placer único de manejar un auto cuya alma es su potente motor de 2.0 litros.
Detalles de comodidad como vidrios y quemacocos eléctricos, operados por una cerradura central, crean una experiencia que nos transporta a una nueva dimensión que sólo la Ciencia Automotriz Volkswagen pudo concebir.
Admire hoy esta joya en su Concesionaria Volkswagen.

Nuevo Jetta Carat.
Lujosa dimensión de la experiencia europea.

Salve su vida. Uselo.

Con Volkswagen usted sabe lo que tiene.

Auxilio Vial Volkswagen, siempre a la mano.

Este es un anuncio de Volkswagen más orientado a branding y visibilidad de marca, promocionando un nuevo modelo de coche.

Es por ello que no se trata de venta directa y por tanto no hay un CTA claro.

Tienes la imagen, la promesa con todos los beneficios que trae el nuevo modelo y la prueba con el sello que afirma los 40 años de experiencia de la marca.

El CTA aquí es la invitación a acudir a algún concesionario Volkswagen para admirar el coche.

Fórmula de las 4U

Urgente - único - útil - ultraespecífico

La fórmula de las 4U no se utiliza tanto para textos de venta completos, sino para titulares.

Es una manera ideal de captar la atención y generar interés en el producto o servicio.

La idea es que tengas siempre en cuenta que en tu titular reflejes:

Que es un producto o servicio que le va a servir para algo.

Que no hay otra opción en el mercado como la que tú estás ofreciendo, hay algo que aportas que los demás no.

No andarte por las ramas. Esto es para X personas que necesitan solucionar X problema o les gustaría llegar a X punto.

Añadir elementos de urgencia como el tiempo limitado, la cantidad de stock o número de plazas disponibles, un descuento que acaba en X días o para los X primeros…

La cosa es que sientan que tiene que ser ahora o nunca.

Las personas tomamos acción con más facilidad cuando sabemos que no vamos a tener otra oportunidad para decidirlo.

Si no, lo dejamos pendiente y nos ponemos a otras cosas más urgentes.

Aquí te pongo como ejemplo el titular de la página de ventas del máster de publicidad online, donde hacemos uso de las 4U.

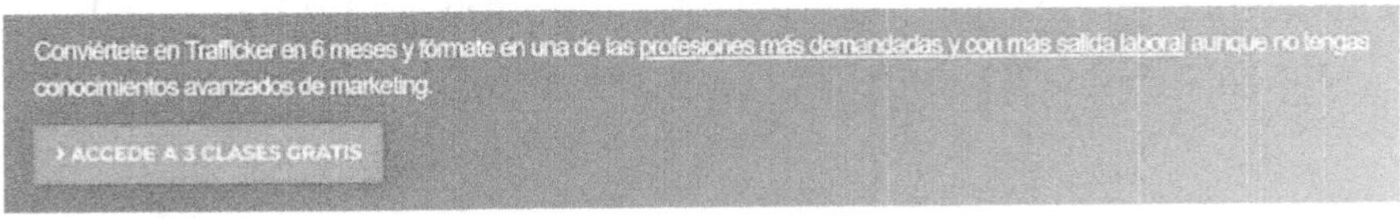

¿Qué fórmula de copywriting vas a utilizar en tus textos?

Espero que este artículo te resulte útil y que apliques todas estas fórmulas de copywriting cuando produzcas tus textos de ventas.

Mi consejo es que empieces con la que más te guste y la utilices en diversos textos, como anuncios publicitarios, sitios de venta, publicaciones en redes sociales, titulares, etc.

Así podrás dominarlo y hacerlo tuyo.

¿Recuerdas lo que dije al principio de este artículo?

Una fórmula de copywriting es una guía que te ayuda a considerar todos los factores que influyen en la psicología de las ventas.

La idea es que tus mensajes se centren siempre al cien por cien en tu consumidor potencial y expongan claramente cómo puedes ayudarle a resolver sus problemas.

Sigue las fórmulas y personalízalas según tu estilo de redacción y los productos que promueves.

Prueba otras fórmulas después de haber pasado mucho tiempo practicando con una.

Juega con tus textos, pero no empieces desde cero si no tienes experiencia previa, ya que el resultado podría ser un batiburrillo de material sin consistencia.

4
Cómo elegir a tu cliente ideal, sin reducir tus oportunidades

¿Alguna vez te has preguntado por qué no consigues clientes?

Puede ser que te estés perdiendo gente porque tu nicho es demasiado amplio.

En otras palabras, estás tratando de ayudar a demasiadas personas y extrañas a todos.

Es el viejo proverbio chino **"Si persigues dos conejos, ambos escaparán" en juego...**

Es decir, si pones tus esfuerzos en tratar de cumplir dos objetivos al mismo tiempo, es probable que no tengas éxito en ninguno de los dos.

¿Tienes miedo de ir demasiado 'específico' en tu nicho, porque podrías perder la oportunidad de ayudar a las personas?

No estás solo. He hablado con muchas personas recientemente que realmente están luchando para elegir su nicho.

O no saben por dónde empezar...

O han elegido un nicho, pero ahora no saben si han tomado la decisión correcta.

Están dudando de sí mismos.

Están luchando por saber si esta persona incluso pagará su dinero o si esta persona existe...

También luché con esto durante años y traté de ser 'todo para todas las personas' antes de darme cuenta... Simplemente no funciona.

Hay dos cosas que puede tener cuando se trata de su cliente ideal: un nicho amplio o un nicho micro.

Es muy raro ir demasiado micro o demasiado específico. La mayoría de la gente va demasiado amplia.

Por lo tanto, queremos ver cómo podemos obtener un micronicho: un grupo más pequeño de personas a las que realmente se dirigirá y ayudará a marcar la diferencia, en lugar de tratar de ser todo para todos.

Decir que nuestro nicho son mujeres de 30 a 40 años que viven en Sydney, eso no es un micronicho, es un grupo masivo de personas.

Entonces, ¿por qué es importante tener un cliente ideal muy claro?

¿Y cómo decides y haces que funcione?

5 razones por las que es importante elegir un micronicho:

Lo he empaquetado en el acrónimo 'NICHE', ¡solo por diversión!

N - Enfoque más estrecho

Cuando somos demasiado amplios con nuestro nicho, lo que significa que tratamos de ayudar a las personas con muchos tipos diferentes de problemas para obtener muchos tipos diferentes de resultados, no somos muy buenos ayudando a un grupo específico de personas.

Somos "un poco buenos" ayudando a muchos tipos diferentes de personas.

Pero la gente paga por el dominio. La gente no paga un buen dinero por generalistas, paga un buen dinero por especialistas.

Por ejemplo, si ha tenido un problema en el hombro durante mucho tiempo, no puede resolverlo y realmente le está causando mucho dolor, probablemente no vaya a ir a un médico de cabecera. Probablemente querrá acudir a un especialista en hombros, alguien que tenga experiencia en hombros.

Hoy estaba hablando con una señora que está buscando un entrenador y me preguntó si hago coaching profesional. Aunque podría ayudarla, no es lo principal en lo que soy bueno, así que la referí a otra persona.

No queremos enfrentarnos a todos. Debes pensar "Soy realmente bueno en algo específico" y apegarte a ello. Y ser muy, muy bueno en eso.

Obtendrá mejores testimonios, obtendrá muchos resultados para las personas en esa área y luego se convertirá en esa persona a la que acudir en ese resultado o solución.

Tener un enfoque más limitado también te ayuda mucho cuando te sientas a escribir un contenido o crear un video.

Si, por ejemplo, estuviera pensando "Está bien, solo quiero ayudar a las personas a ser increíbles. Quiero ayudar a la gente a tener una vida maravillosa".

Voy a sentarme con una hoja de papel en blanco y probablemente pensaré "¿Sobre qué voy a escribir?" Es muy difícil.

Diluyes tu mensaje escribiendo sobre todo tipo de cosas diferentes y confundes a tu mercado.

¡Solía hacer esto y realmente no funcionó!

Fue mucho más fácil para mí cuando elegí un micro nicho. Reduje mi enfoque a Entrenadores, Entrenadores y Emprendedores Basados en Servicios.

Me quedo con lo que he hecho y enseño lo que he hecho yo mismo.

Entonces, tener ese enfoque estrecho significa que estoy atrayendo a más personas a las que puedo saber que realmente puedo ayudar.

Si haces demasiadas cosas, confundes a la gente. Además, asumen que no eres un maestro en ninguno de ellos.

Si te apegas a un nicho, serás un experto en un área específica (esto es mejor que ser 'algo' bueno en muchas áreas).

I - Más ideas

La segunda razón es para más ideas.

Tan pronto como elegí un micronicho, tuve más ideas.

Cuando estaba tratando de hacer demasiado, estaba tratando de tener mentalidad y negocios al mismo tiempo, no funcionó.

Tan pronto como reduje más. Realmente podía dejar fluir todas mis ideas y nunca había tenido tantas descargas constantes.

Soy muy específico sobre el contenido que consumo: todo es contenido para ayudar a mi cliente ideal debido al enfoque limitado.

De hecho, obtienes MÁS claridad cuando limitas, lo que suena raro, pero si estuviera tratando de crear una pieza de contenido sobre, por ejemplo, cómo ser empoderado. Realmente no tendría mucha claridad sobre por dónde empezar.

O, si simplemente me llamo entrenador de vida, ¿por dónde empiezas? No hay claridad, es bastante confuso.

Si tiene más nichos, las personas sabrán qué esperar y estarán más comprometidas.

Es probable que sea más consistente con la creación de contenido que ayude a resolver un problema, por lo que ganará impulso.

Sabes exactamente sobre qué crear contenido. Significa que su contenido será muy, muy específico y útil para ese tipo específico de persona.

H - Ayudar a más personas

La gente piensa que si te limitas, vas a ayudar a menos personas.

En realidad no es cierto. Cuando le hablas puramente a tu cliente ideal, es como un silbato para perros que solo un perro puede escuchar.

Entonces, en Facebook, si las personas se desplazan y estás tratando de hablar sobre el empoderamiento, o cómo mejorar tu vida o cómo desarrollar tu potencial o cómo mejorar tu mentalidad, es demasiado vago.

Puedes extrañar a todos.

Pero cuando eres específico, la gente piensa "Oh, ella realmente me entiende. Mi problema, mi idioma"

Entonces, en realidad terminas ayudando a más personas.

Cuando estás tratando de ser todo para todos, puedes perderlos a todos.

Entonces, si te llamas a ti mismo un entrenador de vida o un entrenador de mentalidad, y no tienes un problema específico o una solución específica que ofrecer, en realidad vas a ayudar a menos personas, lo cual es un poco triste, porque yo Estoy seguro de que eres muy bueno en lo que haces y puedes ayudar a mucha gente.

E - Experto y Autoridad

Cuando eliges un micro nicho, te posicionas como un experto y una autoridad en esa área. No puedes ser una autoridad sobre cómo tener una vida increíble. A menos que seas Tony Robbins tal vez. O cómo desarrollar tu potencial, cómo vivir tu mejor vida, cómo entrar en tu poder. ¿Y eso que significa?

Puedes ver lo que molesta a mi mascota, ¿verdad? Solo porque lo hice, traté de hacerlo, y no funcionó. He usado ese lenguaje antes. Entonces, si lo usa, no se preocupe, aún puede obtener algunos clientes, pero sería poco que si se posiciona como un experto y una autoridad y elige un problema que resuelve. Y te vuelves realmente bueno en eso.

Dirijo un evento de desarrollo personal para mujeres, se llama Unleash Your Freedom, es un evento de múltiples oradores.

Cuando invito a oradores invitados cuando invito a oradores a venir y ser invitados. Nunca invitaría solo a un entrenador de vida, conseguiré a alguien que sea un maestro en un área de la vida. Por ejemplo, alguien que es un maestro en entrenamiento de salud, un maestro en citas o relaciones, un maestro en finanzas.

Tendrás más oportunidades de hablar, hablar, talleres de otras personas, eventos de otras personas, etapas de otras personas, si realmente te has perfeccionado en una cosa.

Mi única cosa es la influencia, eso es por lo que quiero ser conocido. eso es lo que estudio, eso es lo que me apasiona.

Entonces, ¿cuál es tu única cosa?

¿Cuál es tu único tema?

Hay un gran libro sobre esto, por cierto, llamado la única cosa por Gary Keller. Es genial, lo recomiendo mucho. Él habla de esto: las personas que son súper exitosas realmente se enfocan en una cosa.

Y es posible que tenga algunas cosas bajo esa influencia, por lo que tengo ventas, marketing, empaque, presentación y las estrategias que funcionan para mí para atraer a mis clientes ideales e influir en otros.

Así que tienes un tema general: puede ser la confianza, puede ser la adicción, puede ser la crianza de los hijos y, debajo de eso, tendrás todos tus temas, pero eres conocido por ese problema.

¡Así que tenga claro con quién no trabaja porque entonces realmente podrá ayudar mejor a su gente y se divertirá mucho más!

La fórmula PEEPS

Entonces, hay una fórmula que uso como lista de verificación para ayudar a las personas a decidir "¿Quiénes son mis amigos?"

Una vez que tenga una idea de quién le gustaría que fuera su micronicho/cliente ideal, revíselo a través de esta lista de verificación de PEEPS de 5 pasos:

Califique cada uno en una escala de 1 a 10 (siendo 10 el más alto)

P - Pasión (tu pasión por ese tipo de persona): De 10 -

E - Experiencia (su experiencia en ayudar a resolver su problema): De 10 -

E - Entusiasmo (su entusiasmo por el tema/asunto/solución): De 10 -

P - Rentabilidad (esto es crucial): De 10 -

S - Habilidades (eres hábil para ayudar a estas personas): De 10 -

¿Tu cliente ideal cumple con cada una de estas categorías?

Tal vez tenga algunos tipos diferentes de clientes con los que quiera trabajar. También puede usar esta lista de verificación para ayudarlo a elegir uno para comenzar. Siempre puedes agregar más más tarde.

Estuve trabajando con un tipo recientemente y tenía dos personas diferentes que quería como su mercado objetivo, ambas bastante diferentes.

Así que dije que solo teníamos que elegir uno para comenzar. Porque si tratas de hacer mercados objetivo al mismo tiempo, es muy difícil.

Intenté hacerlo, no funcionó.

Es por eso que la gente no lo recomienda, porque divides demasiado tu enfoque.

Así que digamos que decidiste que te decidiste por tu cliente ideal.

Y estás bastante seguro de que ese es el indicado. Lo ha ejecutado a través de la lista de verificación PEEPS.

Ahora aquí hay 3 claves para hacer que esto realmente funcione:

1. Elige qué problema estás resolviendo.

Algo que he notado es que muchas personas no tienen claro el problema que están resolviendo.

Primero debemos sentar esa base, porque se convierte en un cuello de botella si no se hace bien.

Nada más funcionará en su negocio: sus ventas, su marketing, su marca, todo.

Así que tienes que tener claro el problema que resuelves.

La gente paga cuando hay un costo. La gente paga cuando hay una consecuencia por no hacer algo.

Solo hay un porcentaje muy pequeño de la población que paga para hacer que su increíble vida sea aún más increíble.

La mayoría de la gente paga porque hay una frustración persistente que los molesta y quieren salir de ese dolor.

2. Ten claro con quién no trabajas

Mucha gente tiene miedo de hacer esto porque, de nuevo, excluye a la gente.

Realmente he luchado con esto personalmente, no quería excluir a las personas, quería ayudar a todos.

Pero tomé la decisión de quedarme con mi cliente ideal, que es propietario de una pequeña empresa basada en servicios.

No valgo con los negocios de productos. No trabajo con personas que tienen una tienda física. No trabajo con personas en corporaciones; todas esas cosas no las entiendo tan bien como las que ayudo a propietarios de pequeñas empresas expertos y basados en el conocimiento.

Tengo mucha gente que me contacta ahora y les digo que no soy el entrenador adecuado para ti. Déjame ayudarte a encontrar a alguien que lo sea. Lo hice hoy.

Decide con quién no quieres trabajar. Algo así como tu avatar 'anti'. Lo contrario de lo que quieres.

Escribirlo. Asegúrate de incluir todas las cosas que no quieres atraer.

Por ejemplo:

No quiero atraer a los que pierden el tiempo.

No quiero atraer a personas que no pueden pagar mis servicios.

No quiero atraer a personas que estén dispuestas a invertir en sí mismas.

No quiero atraer a personas que no están comprometidas,

No quiero atraer a personas a las que no se les puede enseñar y que no van a tomar medidas ni cumplirlas.

3. Que todos sepan quién es tu cliente ideal

Entonces, exponga eso y su marketing, con quién no va a trabajar.

Así que no se limite a decir "Soy un entrenador de salud".

Di: "Ayudo a este tipo de persona a obtener este tipo de resultado y resolver este tipo de problemas".

Ponlo en tu Facebook

Ponlo en Instagram

Ponlo en su sitio web

Ponlo en tu LinkedIn

Ponlo en todas partes. Que todos sepan quién es tu cliente ideal.

Mucha gente tiene miedo de hacer esto. Tal vez tienen miedo de perder clientes. Tal vez tienen miedo de perder dinero.

Pero te garantizo que si te apegas a esto, atraerás a las personas adecuadas y tendrás un mayor impacto.

¡También ganarás más dinero y te divertirás más!

¿Estás contento con la cantidad de clientes que tienes?

¿Quizás no estás seguro de quién es tu cliente ideal?

¿O has creado un programa pero no está seguro de qué hacer con él?

¿O tienes claro cuáles son tus clientes ideales, pero ahora necesitas saber cómo atraerlos?

¿Te gustaría algo de ayuda?

Esto es con lo que ayudo a personas como usted... y **he abierto una pequeña cantidad de espacios para una sesión de lluvia de ideas GRATUITA para usted esta semana.**

Puede ir aquí para reclamar una sesión de lluvia de ideas: si tiene problemas para obtener claridad y saber en qué concentrarse, le sugiero que aproveche esto antes de que se llenen los espacios.

5
Empatía en la redacción publicitaria: cómo puede tener éxito

Si su redacción publicitaria no está funcionando como le gustaría, es muy probable que le falte empatía. En términos de redacción publicitaria, la empatía se refiere a su capacidad para comprender a sus lectores, para saber lo que necesitan y lo que están pensando, y para generar confianza basada en esa comprensión fundamental. Desde la identificación de los clientes hasta la comprensión de lo que quieren, la empatía en la redacción es fundamental.

¿Es su redacción empática?

Es bastante común encontrar falta de empatía en una redacción publicitaria ordinaria. Por ejemplo, un sitio web puede estar escrito desde la perspectiva del vendedor en lugar del punto de vista del comprador. Cuando esto sucede, es probable que observe una redacción publicitaria centrada en nosotros:

En ABC Company, nuestro objetivo es un servicio rápido. Estamos orgullosos de nuestro compromiso con nuestros clientes.

Si tiene una redacción publicitaria centrada en nosotros en sus correos electrónicos, guiones de video, folletos, blogs o en todo su sitio web, no significa que le falte empatía por sus clientes. Sin embargo, significa que estás haciendo un mal trabajo al mostrarlo. Afortunadamente, la solución es indolora y bastante fácil cuando actualiza una redacción publicitaria obsoleta con contenido que:

- Genera confianza
- Enfatiza los beneficios que obtendrán sus clientes cuando le compren
- Reconoce las necesidades de sus clientes

También puede demostrar la empatía de su empresa identificándose con clientes potenciales de acuerdo con sus preferencias personales mediante la entrega de información de varias maneras diferentes, como videos instructivos, artículos detallados, seminarios web y publicaciones breves en blogs.

Cómo incluir la empatía en la redacción publicitaria en tres pasos

Si eres más del tipo que emprende un proyecto tú mismo, puedes auditar tu propio contenido teniendo en cuenta los siguientes tres pasos. (Sin embargo, para una solución sin esfuerzo, ¡siempre puedes contactarme!)

Paso 1: Compile una lista de todos los beneficios asociados con su servicio o producto.

Si es más fácil, escriba primero las características, pero asegúrese de que puede convertirlas en beneficios preguntándose: "¿Qué hay para el cliente?" Por ejemplo, proporcionar "atención al cliente las 24 horas" puede expresarse mejor como "asistencia de expertos en cualquier momento que lo necesite". Su objetivo final es reemplazar esa lista con viñetas de funciones que suele ser típica de las páginas de productos y servicios con los beneficios que sabe que buscan sus clientes.

Paso 2: visualice su "cliente ideal".

Es más fácil empatizar con alguien que empatizar con grupos de clientes abstractos e indescriptibles. Visualiza el que crees que es tu "cliente ideal" y escribe tu contenido dirigido a esa persona. Algunas personas de marketing llaman a este proceso la "creación de personas compradoras". Si puede identificar más de un cliente ideal, escriba para todos ellos.

Por ejemplo, considere una empresa de redacción de currículums que está creando páginas de destino para cada uno de sus clientes ideales. Es probable que el propietario quiera apelar a un padre o madre que reingresa a la fuerza laboral después de tomarse un tiempo libre para cuidar a su familia, un profesional que busca trabajo después de ser despedido y un graduado que ingresa al mercado por primera vez.

Cada una de estas personas tiene diferentes miedos, metas, desafíos y emociones que las obligan a buscar un escritor de currículum profesional. Tiene sentido que los entiendas todos.

Paso 3: Conéctate con las emociones de tus clientes.

Finalmente, escriba una redacción publicitaria que conecte su negocio con la emoción de sus clientes. Por ejemplo, al intentar implementar la empatía en la redacción de textos publicitarios para una nueva calificación, es posible que desee apelar a su deseo de una nueva aventura y su sentido de orgullo. Sin embargo, un empleado que fue despedido recientemente necesitará un redactor de currículum que reconozca su necesidad de una transición rápida y sin problemas a un nuevo lugar de trabajo y su miedo a la incertidumbre.

6

9 desencadenantes emocionales para influir en los comportamientos de compra de los clientes

Cada decisión que tomamos implica emociones, incluidas las subconscientes. **Comprender qué desencadena esas emociones puede ser de gran ayuda cuando se trata de desarrollar material de marketing efectivo.** La mayoría de nosotros tenemos los mismos desencadenantes mentales básicos que impulsan una acción. Saber cuáles son esos factores desencadenantes y cómo posicionarlos para alcanzar la respuesta deseada es extremadamente importante en marketing. A continuación, lo guiaremos a través de los **9 desencadenantes emocionales más populares** que van de la mano con tácticas de marketing efectivas.

Desencadenante emocional #1: Miedo

Lo que es:

¿Alguna vez has oído hablar de la frase "FOMO", también conocida como Miedo a perderse algo? Estoy seguro de que la mayoría de nosotros podemos estar de acuerdo en que el miedo es una emoción poderosa. Puede producir reacciones sin pensamiento consciente y anular todo nuestro proceso de pensamiento.

Cómo se usa:

Esto facilita que los vendedores se aprovechen de nuestra emoción. Pueden tirar de nuestros hilos de miedo para que esa compra suceda. Sin embargo, asegúrese de tener cuidado al desencadenar el miedo, puede ser un poco arriesgado. Cuando se usa éticamente, puede ser muy eficaz. Sin embargo, cuando se usa de manera engañosa negativa, puede tener un impacto negativo en su marca.

Ejemplo:

"¡No querrás perderte este evento! ¡Compre sus boletos ahora!

Desencadenante emocional n.º 2: tiempo

Lo que es:

El tiempo nos hace sentir muchas cosas. Siempre depende de la situación.

Cómo se usa:

Estamos tan ocupados que siempre nos vendría bien más tiempo, ¿verdad? ¿Qué pasaría si te dijera que tu viaje al trabajo se reduciría a la mitad si compraras un determinado artículo? ¿Suena atractivo? Es fácil decir que sí a la promesa de más tiempo, solo tenemos que asegurarnos de que podemos cumplirla.

Ejemplo:

"Ahorra tiempo cocinando, gana tiempo con la familia. Es un ganar-ganar. ¡Pruébanos gratis hoy!

Desencadenante emocional #3: Confianza

Lo que es:

La confianza es a lo que debe apuntar cuando está trabajando para ganar la lealtad del cliente. Si los clientes realmente confían en ti y en tu marca, lo más probable es que te compren repetidamente. Tenga en cuenta que ganarse la confianza a través del marketing no es algo que pueda falsificar. Los consumidores verán a través de usted.

Cómo se usa:

Cuando utilice la confianza como su disparador emocional, realmente debe sentir lo que dice y hace. Hay algunas cosas que ayudan a una marca a generar confianza. Por ejemplo: sé transparente, específico, humano y comparte lo que te dicen los demás.

Ejemplo:

"Tu opinión es importante y queremos ofrecer la mejor experiencia posible. Rellena esta encuesta para que podamos seguir cumpliendo tus expectativas."

Disparador emocional #4: Valor

Lo que es:

Los valores muestran cuán importante es algo para nosotros. También nos ayudan a tomar decisiones personales importantes. Tomamos decisiones de compra todos los días en función de nuestros valores y juicios.

Cómo se usa:

Se trata de obtener el mejor precio que tiene el mayor valor. Por ejemplo, Valor del cliente = Beneficio percibido - Costo percibido,

¿alguna vez lo ha visto antes? ¿Quién no ama una buena oferta con el mayor valor?

Ejemplo:

"¡Ahorre muchos Benjamins haciendo este simple truco!"

Desencadenante emocional #5: Pertenencia

Lo que es:

Pertenecer a algo nos da validación. La mayoría de nosotros tenemos un fuerte deseo de pertenecer a algo.

Cómo se usa:

Podemos comprar un artículo solo para sentirnos aceptados o unirnos a un gimnasio para hacer nuevos amigos. Es la naturaleza humana, la necesidad de pertenecer es fuerte. Sentir un sentido de pertenencia también es bueno para el alma. Tiene un efecto positivo en nuestros niveles intelectuales, habilidades sociales, salud y mucho más.

Ejemplo:

"Fitness de por vida, amigos para siempre".

Desencadenante emocional #6: Culpa

Lo que es:

La culpa es experimentada por todos y, a veces, con demasiada frecuencia. Muchos de nosotros lo sentimos todo el tiempo, ya sea que eso signifique salir del trabajo un poco antes, derrochar en artículos caros o hacer trampa en la dieta. Cualquiera que sea el caso, la culpa es una emoción muy dominante que se apodera de una buena parte de nuestras vidas.

Cómo se usa:

Cuando se usa la culpa en los mensajes de marketing, es importante cómo se expresa. Al igual que el miedo, pero peor, los riesgos de que se tome por el camino equivocado son mayores.

Ejemplo:

"Estos niños están sufriendo. Con tu donación, podrías brindar ayuda a un niño necesitado".

Desencadenante emocional n.º 7: gratificación instantánea

Lo que es:

La gratificación instantánea se ha convertido en la norma en el mundo actual. Nos hemos acostumbrado a la gratificación instantánea en cualquier área de nuestras vidas.

Cómo se usa:

Ya no tenemos que ir a la tienda a alquilar una película o esperar a que se venda en las tiendas el último cd de nuestro artista favorito para poder escucharlo. Podemos obtener lo que queremos casi al instante, lo que aumenta cada día con la tecnología.

Ejemplo:

"¡Reciba acceso instantáneo registrándose gratis hoy!"

Desencadenante emocional #8: Liderazgo

Lo que es:

Para que realmente se escuche su voz, su empresa debe ser líder. Tus palabras deben ser algo que los consumidores valoren.

Cómo se usa:

Sea un creador de tendencias. Encuentre productos que funcionen y hágalos mejores. Posea y controle cualquier mercado en el que se encuentre.

Ejemplo:

"El líder de confianza del sureste en gestión de recursos humanos corporativos"

Disparador emocional #9: Competencia

Lo que es:

No hay nada malo con un poco de competencia. A veces nos da el empujón que estábamos esperando.

Cómo se usa:

En el mundo de hoy, tenemos una necesidad constante de ser mejores, más fuertes, más rápidos que la siguiente persona. La competencia es lo que nos impulsa a muchos de nosotros, y el mundo del marketing también impulsa las ventas.

Ejemplo:

"Sé el mejor vestido en Nochevieja. Compre nuestras últimas novedades ahora".

7
Lo que Maslow puede enseñarte sobre la redacción publicitaria

Ahora entramos en el ámbito de la psicología del cliente, ¡específicamente, aprovechar la psique de tus clientes para crear contenido verdaderamente atractivo y poderoso!

Basado en la "Jerarquía de necesidades" del psicólogo Abraham Maslow, Heather nos guía a través de los niveles emocionales (y motivacionales) de la psique e ilustra cómo vincular su redacción publicitaria a cada uno con ejemplos específicos de sitios web.

Así que sintoniza para aprender cómo hacer que tu redacción publicitaria resuene con tus clientes en sus niveles psicológicos más profundos, desde sus necesidades fisiológicas más básicas hasta sus elevadas necesidades y aspiraciones de estima.

Como probablemente haya deducido de los seminarios web de Heather y/o algunas de sus publicaciones de blog, ella habla mucho sobre la psicología de la redacción publicitaria. ¿La razón?

- Las personas toman sus decisiones de compra en función de la psicología: en última instancia, compran en función de su emoción.

Por supuesto, investigan, hablan con sus amigos y hacen su debida diligencia, pero al final del día, su decisión de compra es una decisión emocional.

Es por eso...

Jerarquía de necesidades de Maslow

...es tan importante para la redacción publicitaria.

- Si puede vincular el texto de su anuncio o sitio web con algo que es parte de la jerarquía psicológica de necesidades de sus clientes, puede escribir un texto más convincente y poderoso: contenido que resuene con lo que sus clientes están pensando, lo que les preocupa y/o o quiere lograr.

Este primer gráfico es un pequeño recordatorio de lo que es la jerarquía de necesidades de Maslow, que quizás recuerdes de la escuela secundaria o la universidad: en la base de la pirámide están las necesidades fisiológicas básicas para la supervivencia, luego progresan (evolucionan) hacia arriba a través de las necesidades de seguridad, social necesidades, necesidades de estima y, por último, autorrealización.

Esta pirámide de "necesidades" psicológicas representa lo que Maslow pensó que *todos* experimentamos, a medida que vamos más allá de nuestras necesidades fisiológicas instintivas de alimentos, agua, etc., hacia la necesidad de convertirnos en seres humanos autorrealizados.

Entonces, lo que sigue es cómo la jerarquía de necesidades de Maslow puede informar y mejorar su redacción, ilustrada con ejemplos específicos de la Web.

Necesidades psicologicas

El sitio web Help-4-Homes (Save Your Home Today!) es un gran ejemplo de contenido que está dirigido a las necesidades físicas básicas: está dirigido a personas que están a punto de ser ejecutadas y se enfrentan a la pérdida de su casa.

Esta es una situación muy extraña para la gente: están confundidos, tienen miedo y buscan opciones. El "copy" web refleja los sentimientos de los lectores con una lista de verificación de inquietudes: ¿se reajustó la tasa de su hipoteca (y no puede pagarla)? ¿Ha sufrido una dificultad financiera?

Luego, al final de la redacción publicitaria, hay un testimonio realmente poderoso de un cliente que afirma que estaba pasando por este problema y se comunicó con la empresa, y la empresa pudo ayudarla.

- La redacción publicitaria se relaciona con esas necesidades fisiológicas elementales y toca esos puntos altos con una lista de verificación de preocupaciones, seguida de tranquilidad a través de un fuerte testimonio.

Si está en una industria donde las necesidades fisiológicas son el factor motivador, puede ver este ejemplo como una plantilla para escribir una redacción publicitaria que es mucho más detallada y convincente que simplemente "Podemos ayudarlo a salvar su casa" o "Podemos ayudarlo". le ganaste a la ejecución hipotecaria".

Necesidades de seguridad

Un ejemplo de un sitio web que aborda la necesidad de seguridad de la psique es ADT: se "especializan en seguridad para el hogar".

Si tiene la mentalidad de querer comprar un sistema de seguridad para el hogar, las declaraciones de beneficios de ADT son muy tranquilizadoras: es el estándar de oro en seguridad para el hogar; ofrecen un sistema de respuesta de emergencia personal; hay videovigilancia más detección de intrusos.

- Estas declaraciones de beneficios son cruciales porque ayudan al lector a *sentirse* seguro. Le hacen saber al lector que está en el lugar correcto, que está trabajando con una empresa que puede ayudarlo y que comprende sus necesidades.

Entonces, si está trabajando con una empresa que se ocupa de la seguridad, el contenido web de ADT es un ejemplo fantástico de una forma diferente de abordar la redacción publicitaria. Y de nuevo, es mucho más poderoso que simplemente "Te ayudaremos a mantenerte a salvo", ya que detalla beneficios específicos para ayudar al lector a sentirse cómodo.

Necesidades sociales

Aquí hay otra necesidad psicológica central que todos tenemos y que se puede aprovechar al crear redacciones publicitarias (e *imágenes)*.

En este ejemplo del sitio web de Pottery Barn, notará que realmente no dice mucho. Los escritores de la compañía podrían hacer mucho más para desarrollarlo y hacerlo parecer más social, sin duda.

Pero lo que te atrapa es la imagen: esta acogedora mesa con cuatro copas de vino. Cuenta una historia. Alguien ha estado allí, pasando el rato con amigos y disfrutando de la vista del agua (presumiblemente la bahía de Chesapeake). Transmite un ambiente muy cómodo y social.

- Entonces, no solo puede usar palabras para vincularse con una de las jerarquías de necesidades de Maslow, sino que también puede usar imágenes. Recuerde que querrá asegurarse de que sus imágenes ayuden a reforzar lo que está diciendo en la redacción publicitaria.

Necesidades de estima

Finalmente, vamos a terminar nuestra discusión con las necesidades de estima de la psique: estas son las personas que quieren impresionar y que quieren lo mejor de lo mejor.

El ejemplo de sitio web aquí es Dream Homes Magazine.com, donde puede explorar estas casas espectaculares y alquileres de lujo ubicados en todo Estados Unidos y México.

Definitivamente se trata de "vivir el sueño".

Entonces, si está trabajando con artículos de lujo y cosas que son más exclusivas, podría relacionar su redacción publicitaria con las "necesidades de estima" de Maslow en su jerarquía: eso ayudará a las personas a conectarse mejor, porque eso es precisamente lo que están buscando.

- Las personas con necesidades psicológicas basadas en la estima buscan esa exclusividad, esa rareza y el privilegio de una experiencia que no todos pueden tener, una de la que saben que podrán hablar y recordar toda su vida.

Un pensamiento final

Si eres un redactor y quieres aprender a escribir mejor, especialmente para las conversiones, entonces querrás leer mucho sobre psicología. ¡Cuanto más entienda sobre lo que hace que las personas "se muevan" y la psicología subyacente de su motivación, mejor será su contenido!

8
Por qué la venta de características y beneficios aumentará sus ventas

El ecosistema empresarial actual es muy competitivo. Los clientes tienen acceso a una amplia gama de productos y las opciones son ilimitadas. Más importante aún, los nuevos productos llegan al mercado todos los días, porque no hay dos consumidores idénticos. Todos tienen diferentes necesidades, intereses y puntos débiles.

Estas diferencias subrayan la importancia de ayudar a un cliente a conectar las características que tiene un producto en particular con sus beneficios, es decir, la forma en que mejorará su calidad de vida.

Si bien este parece ser un enfoque razonablemente sencillo, se ha demostrado que es una estrategia de ventas altamente eficiente que puede tener un impacto significativo en los ingresos de su empresa.

En este capítulo, veremos más de cerca qué es la venta de características y beneficios, cómo usarla correctamente y por qué debería considerar optar por ella lo antes posible.

Vamos a sumergirnos, ¿de acuerdo?

Definamos qué características y beneficios son

Si bien estas no son palabras oscuras que exigen una definición de diccionario, debemos establecer cuáles son las funciones de las características y los beneficios en el contexto de la venta de características y beneficios. Hasta cierto punto, podemos pensar en ellos como una operación del tipo de "establecimiento y remate", donde las características configuran las expectativas de una persona y los beneficios actúan como remate, entregando el valor de un producto/servicio. Aquí hay una mirada más detallada:

- Las características son representaciones de un producto o servicio en particular. Son una extensión de lo que una persona puede hacer con un producto o servicio específico. Su objetivo es describir cómo su espectro de libertades y oportunidades puede ampliarse después de esta adquisición.

- Los beneficios muestran los resultados finales de las libertades antes mencionadas. Es decir, lo que una persona puede lograr aprovechando las libertades y oportunidades extendidas que pueden ofrecer las características de un producto.

Brindar a los clientes los beneficios de la compra es crucial porque pueden alejarse de las peculiaridades técnicas de un objeto o servicio, permitiéndoles enfocarse en cómo puede mejorar su vida. Este es un cambio de la información fáctica a la estimulación emocional.

¿Qué es la venta de características y beneficios?

La venta de características y beneficios es el proceso de conectar las cosas que su producto ayuda a su cliente a hacer (características) con los objetivos que los ayudará a lograr y los puntos débiles que los ayudará a eliminar.

Por ejemplo, el producto Mailshake permite a los vendedores automatizar su alcance de prospección a través de fusiones de correo personalizadas, integraciones de redes sociales y marcación telefónica nativa. Estas son algunas de las características que podríamos mostrar en una demostración.

El beneficio que brinda Mailshake (es decir, lo que realmente les importa a nuestros clientes) es que les ahorra tiempo al automatizar la tarea repetitiva de comunicarse y realizar un seguimiento, y genera más clientes potenciales para su negocio.

El proceso que empleamos para mostrar a los clientes potenciales cómo nuestras funciones los ayudarán a obtener esos beneficios es la venta de funciones y beneficios.

¿Cómo arrojar luz sobre los beneficios?

Existe una amplia gama de emociones que los vendedores pueden explorar para aumentar sus ventas: miedo, codicia, sentido de pertenencia, etc. La venta de características y beneficios, por otro lado, permite a las personas realizar compras que los ayudan a aliviar las frustraciones con las que han estado lidiando durante bastante tiempo.

Eliminar las frustraciones de una persona es una puerta de entrada a una gran cantidad de cosas increíbles, como tener un estatus social más alto, tener una mejor autoestima, ahorrar tiempo, ser más productivo, maximizar el placer, el empoderamiento personal y muchas, muchas otras cosas que la gente es. profundamente apasionado.

Otra forma muy eficaz de aprovechar las emociones de un cliente es hacerle consciente de un problema que podría estar enfrentando, incluso si no lo sabe. Hay algunas maneras de hacer eso. El escenario más extendido para ello es el siguiente:

- Aproveche los deseos de un cliente. Descubra qué les apasiona y cuáles son sus problemas más apremiantes;
- Hágales saber uno o algunos problemas que podrían estar enfrentando y que podrían impedirles lograr sus deseos;
- Presente una solución tan pronto como se den cuenta de que la necesitan. Esta solución debe estar asociada con el producto o servicio que estás ofreciendo;

Aquí hay algunos ejemplos básicos de cómo puedes conectar las características de un producto con sus beneficios a través de las emociones:

- Este automóvil consume mucho menos combustible por milla que otros; la cantidad de dinero que ahorra la reducción del gasto en combustible es un beneficio; las cosas que una persona puede hacer con este dinero es un conector emocional: gastar dinero en la familia, los niños, etc.
- Esta crema cuenta con un conjunto de ingredientes de alta calidad que te ayudan a tratar el acné. La falta de acné puede ayudarte a ganar confianza en ti mismo y un estatus social más alto.
- Esta computadora portátil viene con un conjunto de software preinstalado que se actualiza regularmente y le brinda una mayor protección en términos de

ciberseguridad. Por lo tanto, gana más confianza al navegar por Internet y trabajar con correos electrónicos.

- Esta pieza de joyería hecha a mano es única: esta es una característica. Beneficio: tendrá una pieza única que nadie más posee. Esto aprovecha la autoimagen y la autoestima de una persona.

Una característica debe estar conectada con los beneficios de un producto a través de una conexión emocional. Esto hace que el cliente cree una conexión cognitiva entre el producto y la mejora de su calidad de vida. Sin embargo, hay una pregunta importante: ¿cómo sabemos qué beneficios le interesan al cliente?

Cómo decidir cuáles son los beneficios

Es esencial subrayar que diferentes personas están interesadas en diferentes beneficios. Hay una variedad de señales sociales que pueden ayudarlo a comprender qué les interesa a los clientes en particular y cuáles son sus puntos débiles. Para comprender en qué podría estar metido el cliente, analice cuidadosamente su discurso, pregúntele cómo se siente acerca de ciertas cosas. Pregúnteles por qué están considerando esta compra en primer lugar. Aquí hay algunas cosas que pueden ayudarlo a maximizar la eficiencia de los beneficios que presenta a sus clientes:

- Adaptarlos a los deseos y necesidades del comprador.

- Deben hacer que el comprador se sienta bien consigo mismo y optimista sobre el futuro.

- Deben hacer que el comprador sienta que la vida ha mejorado gracias al producto.

Sin embargo, no todos los beneficios deben ser de naturaleza profundamente emocional. A veces, es posible que no tenga suficiente información para predecir en qué está metido el cliente. Esta es una situación en la que podría permitir que sus prospectos llenen los espacios en blanco por sí mismos. Aquí están algunos ejemplos:

- Este producto podría ahorrarle tiempo para que pueda invertirlo en las cosas que más le importan;
- Este producto podría ayudarlo a gastar menos para que pueda invertir su dinero en las cosas que más le importan;
- Este producto es muy confiable, lo que significa que ya no tiene que preocuparse;
- Etc....

Este tipo de información también se puede transmitir por escrito, en su sitio web o en folletos. Hay muchos servicios en línea, como Top Writers Review y Hemingway, que pueden ayudarlo a que su escritura sea más emotiva y evoque un espectro específico de sentimientos en una persona.

Considere contar historias

La narración de historias es una forma increíblemente poderosa de hacer que su mensaje sea persuasivo, colocándolo en el contexto de una historia o relato personal sobre una persona real.

El simple hecho de contarle a un cliente potencial sobre las características de un producto no lo atraerá a realizar una compra.

Como hemos observado anteriormente, las personas son impulsadas por las emociones.

La narración de historias es un enfoque muy poderoso que le permite aprovechar las emociones de los clientes potenciales. Estas no son solo especulaciones. Hay muchas investigaciones que indican la interdependencia entre la exposición a historias emocionantes y la oxitocina elevada, una hormona importante asociada con las interacciones sociales placenteras.

Cada vez que abraza a una persona cercana, toma la mano de su pareja, recibe una palmadita en la espalda, sus niveles de oxitocina se elevan. Esta es la hormona que nos dice que estamos a salvo y que estamos rodeados de personas en las que podemos confiar. Un estudio muy importante publicado en 2013 por Paul J. Zak demuestra que la narración de historias puede replicar la misma reacción que las interacciones sociales en las personas.

Aquí hay algunas sugerencias que te ayudarán a contar una historia:

- Necesitas una historia que sea realmente interesante y relevante;

- Cuéntale al cliente sobre los protagonistas de tu anécdota. ¿Qué los impulsa, cuáles son los problemas que han estado enfrentando?

- Trate de concentrarse en un lenguaje simple. No utilice jerga de marketing o de nicho;

- Subraya cómo se sintió el protagonista una vez que resolvió su problema. ¿Estaban felices? ¿Exaltado? ¿Aliviado?

- Cierra con una poderosa llamada a la acción;

La narración nos permite hablar del núcleo de lo que nos hace humanos: la capacidad de asociarnos con los demás. Al incorporar esta técnica en su venta de funciones y beneficios, podrá aumentar significativamente sus ventas e ingresos.

Conclusión

Al momento de presentar productos y/o servicios, es fundamental ir más allá de presentar las características que tiene, es necesario enfocarse en los beneficios que una persona disfrutará después de realizar esta compra. Implementar algo de storytelling solo aumentará la probabilidad de cerrar un trato.

9
Cómo convencer a alguien para que diga que sí: 7 disparadores de poder para ayudarlo a vender

Cómo convencer a alguien de que diga "sí" es el objetivo de cualquier mensaje de ventas. Es lo que los psicólogos llaman "cumplimiento".

Sin embargo, mi primera exposición a la idea de cumplimiento no fue en un libro de psicología sobre *palabras persuasivas,* sino debajo de un árbol hace décadas cuando mi abuelo, en un momento de diversión, me mostró algo sorprendente con un palo y algunas plumas rojas.

Un día, me entregó un palo largo con un montón de plumas rojas pegadas con cinta adhesiva en el extremo y dijo que quería mostrarme algo. Tenía una mirada familiar y traviesa en sus ojos, así que sabía que sería divertido.

En un árbol cerca de su cobertizo de herramientas, había anidado una familia de petirrojos. Lenta y silenciosamente nos abrimos paso justo debajo del árbol, y mi abuelo me dijo que levantara el extremo de la pluma del palo hasta el nido.

Cerca, un petirrojo macho montaba guardia. Cuando vio las plumas rojas, las atacó de inmediato, gorjeando salvajemente y batiendo sus alas angustiado. Estaba estupefacto.

Entre risas, mi abuelo explicó que las plumas rojas enloquecían al pájaro. Le pregunté por qué y me dijo que no estaba seguro, pero pensó que el pájaro pensó que las plumas eran otro petirrojo. Dijo que los petirrojos protegen su territorio y atacarán a otro petirrojo a la vista.

La magia de los patrones de acción fijos

Hombre inteligente, mi abuelo.

Desde entonces, he visto experimentos que demuestran que un petirrojo macho atacará un simple grupo de plumas rojas en el pecho pero ignorará una réplica detallada de un petirrojo macho real que no tiene plumas rojas en el pecho.

Este es un ejemplo de lo que los científicos llaman "patrones de acción fija" en animales. Un patrón de acción fijo es una secuencia precisa y predecible de comportamiento. Es una respuesta automática e instintiva que es útil cuando necesita saber cómo convencer a alguien para que diga "sí". Esta secuencia se pone en marcha por un "disparador" específico.

Los patrones de acción fija son comunes entre los animales. Pero, ¿y los humanos? ¿Qué pasaría si pudiera usar un desencadenante para desencadenar una secuencia de comportamiento deseable en un cliente potencial, como decir "sí" a una solicitud que hace?

En realidad, puedes.

En *Influence: The Psychology of Persuasion,* Robert B. Cialdini, un respetado científico social y especialista en el área de la psicología del cumplimiento, dice que "... el comportamiento automático y estereotipado prevalece en gran parte de la acción humana..."

Cita un experimento de la psicóloga social de Harvard, Ellen Langer, donde se puede ver este concepto en acción. Langer se acercó a las personas que esperaban en la fila para usar una fotocopiadora y les preguntó: "Disculpen, tengo cinco páginas. ¿Puedo usar la máquina Xerox?" Alrededor del 60% dijo "sí".

En circunstancias similares, hizo lo mismo, pero en cambio preguntó: "Disculpe, tengo cinco páginas. ¿Puedo usar la máquina Xerox porque tengo que hacer algunas copias?" En este caso, un abrumador 93% dijo "sí".

¿Qué pasó para que la respuesta "sí" aumentara tan dramáticamente?

Es un principio bien conocido que a la gente le gusta tener una razón, tal vez para evitar *ser ingenuo.* Una razón ayuda a las personas a tomar una decisión y justificar su acción. Sin embargo, en este experimento, "porque tengo que hacer unas copias" no aporta ninguna información nueva. En realidad, no da una razón.

"Porque" generalmente va seguido de información y se ha convertido, para la mayoría de las personas, en un "desencadenante". Una vez que se aprende el disparador, es lo suficientemente poderoso como para poner en marcha una secuencia de comportamiento, en este caso una respuesta de "sí", incluso en ausencia de información concreta.

7 poderosos disparadores de cumplimiento

Es fácil ver la importancia de los patrones de acción fija en *las técnicas de venta*. Todo lo que necesitamos saber es dónde encontrar el "palo y las plumas rojas" que pueden generar una respuesta "sí" en una variedad de situaciones de venta.

Aquí hay siete disparadores comunes de cumplimiento identificados por psicólogos junto con mis sugerencias para aplicarlos a la *redacción*.

1. Reciprocidad

Existe una urgencia abrumadora de pagar las deudas, de hacer algo a cambio cuando se hace algo por nosotros. Este impulso profundamente arraigado es tan fuerte que el destacado paleontólogo Richard Leaky ha dicho que es la esencia misma de lo que significa ser humano. El sociólogo Alvin Gouldner señala que ninguna sociedad en la Tierra escapa al *principio de reciprocidad*.

Aplicación: Dale a la gente algo gratis. Quienquiera que esté en el extremo receptor de su regalo está en deuda con usted. ¿Qué puede dar? Cualquier cosa: un libro gratuito, un kit de planificación, una muestra, una suscripción, un catálogo, un informe especial o prácticamente cualquier otra cosa relacionada con su producto o servicio, siempre que sea gratis. El impulso de "pagar" puede llevar a las personas a realizar una compra.

2. Compromiso y constancia

Estamos impulsados a permanecer consistentes en nuestras actitudes, palabras y acciones. Por lo tanto, cuando somos llevados a hacer un *compromiso* de algún tipo, a dejar constancia o tomar una posición o tomar una decisión, existe la urgencia de permanecer consistentes con ese compromiso original más adelante.

Cuando está aprendiendo cómo convencer a alguien para que diga "sí", la clave es obtener el compromiso inicial, que puede parecer pequeño, razonable e inocente. Este compromiso no solo puede conducir al cumplimiento a través del principio de consistencia, sino también a un mayor cumplimiento para solicitudes más grandes.

Aplicación: primero pida un pequeño "sí" y luego construya sobre eso. Los vendedores a veces llaman a esto la técnica de "pie en la puerta". Comience pidiéndole a su prospecto que acepte una solicitud simple, como hacer una pequeña transacción o completar un cuestionario simple.

Al lograr que las personas tomen una decisión, tomen una posición o realicen una acción, se establece un nuevo "compromiso" psicológico. Una vez que tenga ese compromiso, no importa cuán pequeño sea, puede construir sobre este pequeño compromiso y hacer solicitudes cada vez mayores.

3. Prueba Social

La mayoría de nosotros somos imitadores en la mayor parte de lo que hacemos. Buscamos orientación en los demás, especialmente cuando no estamos seguros de algo. Nos preguntamos: "¿Qué piensan los demás sobre esto? ¿Qué sienten los demás? ¿Qué hacen los demás? Entonces actuamos en consecuencia, todo gracias al poder de *la prueba social.*

Aplicación: Muestra a otros usando tus servicios o comprando tus productos. Lista de *testimonios* de clientes o clientes satisfechos. Destacar historias de aquellos que han sido "convertidos" de otro servicio. Muestra fotos de personas que usan tu producto. Proporcione historias de casos de algunos de sus mejores clientes.

Cuando las personas ven que lo que ofreces está bien con otras personas, es más probable que lo intenten ellos mismos.

4. Me gusta

No importa cuán razonables podamos pensar que somos, siempre es más probable que digamos "sí" a aquellos que conocemos y nos *agradan*. Cumplimos fácilmente con las solicitudes de aquellos que son similares a nosotros y por quienes tenemos buenos sentimientos. Es lo que hace casi imposible negarse a comprar galletas Girl Scouts al hijo de un amigo.

Aplicación: Sea personal y agradable. Este es un elemento de la venta que la mayoría de la gente conoce instintivamente, pero que a menudo no pone en práctica. Hacer que la gente te quiera en persona es una cosa. Pero, ¿cómo lo haces por escrito cuando las personas generalmente no tienen la oportunidad de conocerte?

Muéstrate. Muestra tus sentimientos. Cuente una historia con la que los prospectos puedan identificarse. Usa halagos y elogios. Presente su mensaje de ventas de tal manera que no solo venda algo, sino que trabaje con otros como un aliado con problemas, preocupaciones y objetivos comunes.

5. Autoridad

En esta era de especialización, somos más propensos que nunca a responder a la *autoridad.* Independientemente de un espíritu independiente, buscamos expertos o aquellos que percibimos como expertos para que nos den las respuestas y nos muestren el camino.

Incluso los meros símbolos de autoridad, como los títulos y la ropa especializada, son suficientes para desencadenar una respuesta que es parte de cómo convencer a alguien de decir "sí". Por ejemplo, observe cómo ver a alguien con una bata blanca y un estetoscopio sugiere instantáneamente "médico" y hace que cualquier cosa que esa persona diga sobre medicina parezca más autorizada.

Aplicación: Proporcionar signos y símbolos de experiencia. Establezca su experiencia proporcionando información sólida. Muestre sus credenciales. *Genere confianza* admitiendo fallas o deficiencias y demostrando una falta de sesgo. Muestre similitudes entre usted y su prospecto o cliente. Cita premios, reseñas, charlas y libros que hayas escrito.

También puede "tomar prestada" la autoridad al asociarse con quienes tienen autoridad. Por ejemplo, muestra una fotografía tuya con alguien a quien tus prospectos considerarán una autoridad.

6. Escasez

En general, el miedo a perder es más poderoso que la esperanza de ganar. Al involucrar adecuadamente la tendencia instintiva de evitar perder algo, o evitar perder la oportunidad de poseer algo deseable, puede desencadenar una respuesta de "sí" con escasez (*disponible solo por tiempo limitado*).

Aplicación: Crear límites de tiempo y disponibilidad limitada. Una fecha de "respuesta antes de" es una de las formas más poderosas de crear escasez. Puede hacer esto con una fecha límite específica o una fecha de vencimiento. Si no puede especificar la fecha, use una fecha límite general, como "responder dentro de los próximos 10 días".

Utilice la disponibilidad limitada mencionando qué tan rápido se está vendiendo su suministro o citando la cantidad real de artículos que quedan. También puede imponer restricciones en el suministro, como limitar las membresías a los primeros 500 o crear una edición limitada con un número X que se produzca.

7. Toque personal

Las experiencias de compra personalizadas ya no son el futuro: están aquí. Cuando personaliza la experiencia de su cliente potencial, comienzan a visualizarse con su producto o servicio *antes* de comprar algo. Suena como una obviedad cuando se trata de cómo convencer a alguien para que diga "sí", ¿verdad?

Un toque personal es igualmente importante cuando está formando nuevas relaciones con clientes, editores o supervisores. Las personas que se llevan bien profesionalmente acuerdan soluciones inteligentes y resuelven problemas rápidamente.

Aplicación: Además de dirigirse a los prospectos con sus nombres siempre que sea posible y adaptar sus experiencias en su sitio web, *haga que su escritura sea personal, pero no autocomplaciente.* Al presentar publicaciones de invitados o ideas de colaboración, *haga su tarea* antes de enviar un correo electrónico a alguien. Envíe un correo electrónico que realmente disfruten leer, en lugar de un mensaje genérico que sea fácil de tirar a la basura digital.

El poder de la técnica "pero eres libre"

Y no olvidemos que el entorno de ventas se ha alejado del "cuidado con el comprador". Los clientes ahora tienen más poder que nunca para buscar los mejores productos, así como las mejores ofertas y descuentos. Entonces, para competir, debes ofrecerles algo que realmente no puedan encontrar en ningún otro lado.

Y nadie quiere ser presionado. Por eso la técnica del "pero eres libre" es una herramienta elegante y eficaz a la hora de hacer una sugerencia. Es su trabajo presentar una oferta ganadora de *redacción;* es el trabajo de su prospecto decidir si quiere o no aceptar la oferta.

Cómo convencer a alguien de que diga "sí" a menudo es tan simple como darle la libertad de decir "no".

10
Cómo superar las objeciones con la redacción

Entonces, ¿cómo resuelves el problema de superar objeciones como 'No estoy seguro', 'Es demasiado caro' y 'Tendré que hablar con un amigo? Me alegra que hayas preguntado...

Podría haberme sentido intimidado al entrar en una tienda de ropa de alta gama en mi ciudad local, vestida con un atuendo de mamá, claramente no de diseño. Pero me hicieron sentir cálido y bienvenido.

El elegante propietario me saludó. Me involucró en una conversación preguntándome sobre mi día.

Unas pocas preguntas abiertas más tarde y estábamos charlando como viejos amigos de la escuela.

La tienda era amplia y luminosa, con abundancia de colores neutros.

Mientras hablábamos, el dueño sacó ropa de un perchero reluciente y hermosamente arreglado. Me explicó casualmente cómo podía armar conjuntos y hacer que funcionaran en mi vida cotidiana.

Luego dijo: "Déjame prepararte una taza de café mientras te pruebas los conjuntos".

Puedes adivinar el resto.

Me enamoré de la técnica de venta del dueño de la tienda con anzuelo, sedal y plomada.

Como resultado, salí de la tienda con un hermoso atuendo, después de haber gastado mucho más de lo que pretendía.

Pero tengo que dárselo al dueño de la tienda. Ella ejecutó la venta con un proceso comprobado que anticipó mis preguntas y superó cualquier objeción que tuviera.

Para superar las objeciones, las preguntas abiertas del dueño de la tienda:

Evaluó mi situación y evaluó mis necesidades.

Quería lucir elegante, pero mi estilo de vida estaba regido por la escuela.

Problemas identificados que tengo a la hora de comprar ropa

Además de querer lucir elegante, mi ropa debe ser duradera, fácil de limpiar y requerir un cuidado mínimo.

Identificado lo que estos problemas significan para mí

Mi ropa tiene que ser versátil. Quiero poder vestirlos arriba y abajo.

Respondí preguntas que tenía sobre cómo la gama de ropa de la tienda podría resolver mis problemas.

Si estoy gastando dinero en ropa, necesito que me convenzan de que durará mucho tiempo.

En consecuencia, el suave interrogatorio del propietario le dio toda la información que necesitaba para responder a cualquier objeción que pudiera haber tenido:

No estoy seguro de que esto sea adecuado para mí.

"Puedes arruinar este vestido y las arrugas desaparecerán rápidamente. Úselo con zapatos planos, y es perfecto para la carrera escolar. Agregue un tacón y un cinturón, y puede llevarlo a un evento de negocios y a la noche".

Es muy caro

"Es un estilo que nunca pasará de moda. Además, su tela de buena calidad significa que resistirá la prueba del tiempo".

necesito tiempo para pensarlo

"No tengo muchos de estos artículos en stock. Debido a su versatilidad, están volando fuera de la tienda".

Puedes ver cuán persuasiva es esta técnica de ventas.

Es la misma técnica que puede y debe usar al escribir una redacción publicitaria de las comunicaciones de marketing.

Verá, para ser realmente eficaz, su redacción publicitaria debe superar las objeciones para tomar medidas.

Con esto en mente, antes de poner la pluma en el papel, póngase en el lugar de sus clientes y haga una lluvia de ideas sobre cualquier pregunta u objeción que sus clientes puedan tener al comprar su producto o servicio.

Mejor aún, hable con sus clientes existentes. Pregúnteles si tenían alguna inquietud antes de decidirse a comprarle.

Para resumir

El propósito de la redacción publicitaria es lograr que sus lectores tomen medidas.

Así que tome algunos consejos de este dueño de tienda experto en ventas.

Asegúrele a su cliente en su redacción publicitaria de marketing que está tomando la decisión correcta. Demuestra que has pensado y puedes responder a sus inquietudes.

Haz esto y les harás una oferta que no podrán rechazar.

¿Qué podría ser mejor que eso?

11
5 elementos de la narración hipnótica que cautivan de forma encubierta la mente inconsciente

Las historias son increíblemente poderosas, ¿no es así?

Una gran historia capta tu atención, captura tu imaginación y puede transportarte a un tiempo o lugar diferente.

Pero contar historias no es algo reservado a unos pocos elegidos.

En realidad, es el núcleo de la comunicación humana.

Es algo que haces naturalmente cuando relatas una experiencia a un amigo, colega o familiar.

Y a pesar de lo poderosa que es la narración, la narración hipnótica la eleva un poco.

¿Por qué?

Porque cuando estás contando una historia usando hipnosis, automáticamente estás haciendo 3 cosas importantes:

- Profundizando su interacción con su sujeto
- Captar su atención y permitirles escapar del mundo consciente durante un período de tiempo determinado.

- Accediendo a su mente inconsciente

Probablemente reconozca estos 3 puntos como la estructura subyacente de la **fórmula ABS**, que se puede resumir así:

- **A** es para absorber la atención
- **B** es para pasar por alto el factor crítico
- **S** es para estimular el inconsciente

La narración hipnótica le brinda la capacidad de lograr esto simplemente contando una historia, sin tener que pensar en nada más.

Es una de las formas más fáciles que existen para **lograr que su sujeto entre en un trance hipnótico**.

Y debido a que lo estás haciendo a través del vehículo de la narración, ni siquiera se dan cuenta de que está sucediendo.

Los 5 elementos de la narración hipnótica

Aquí están los 5 elementos que deben incluirse en cada historia hipnótica para garantizar el máximo impacto.

1. Toda historia necesita un héroe o heroína

El héroe o heroína es el personaje con el que te identificas.

Podría ser una persona, como David en la historia de David y Goliat. Podría ser su amigo o pariente que corrió un maratón para recaudar dinero para una buena causa.

Sin embargo, tu héroe no tiene que ser un humano. Podría ser un animal, como una mascota favorita o un animal salvaje que viste comportarse de una manera extraña o poco característica.

Al identificarse con el héroe, su oyente experimenta una liberación, una catarsis. Él o ella es alguien con quien pueden relacionarse, alguien que ha pasado por cosas similares y las ha superado con éxito.

2. Toda historia necesita pasión

Una buena historia tiene que conmoverte de alguna manera. Debe tratarse de algo que toque tu corazón y te haga sentir.

Una historia sin emoción podría ser simplemente una declaración de hechos, lo que la convierte de una historia apasionante en una lista aburrida.

De la misma manera, la historia debe contener un desafío o problema. Eso es lo que tu héroe tiene que superar o resolver. Hay muchas historias en las que toda la trama se centra en el viaje o la lucha que alguien emprende para lograr sus objetivos.

Podrían ser objetivos materiales como encontrar el tesoro enterrado, ganar una carrera o salir victorioso de una batalla contra viento y marea.

O el objetivo podría ser convertirse en una mejor persona o hacer un descubrimiento que beneficie a la humanidad en general.

3. Toda historia necesita un antagonista

Así como el héroe o la heroína no tiene por qué ser un ser humano, lo mismo ocurre con el antagonista. Puede ser una situación, el clima, una montaña o la propia barrera interna de una persona.

Imagina una historia en la que el héroe encuentra un mapa del tesoro, navega hasta el lugar marcado con una X, desentierra el cofre de oro, regresa a casa, compra un terreno, se establece y vive feliz para siempre.

O piense si Cenicienta fue al baile, conoció al príncipe, se casó de inmediato y pasó el resto de sus días en un castillo viviendo la vida de sus sueños.

No hay desafío o viaje en estos casos. No hay pasión. Eso es porque el héroe o la heroína no tiene nada contra lo que luchar. Es la lucha lo que hace que el logro de su objetivo valga mucho más la pena.

4. Toda historia necesita una epifanía

La epifanía es ese momento de conciencia o realización. Es como cuando se enciende una bombilla en la mente del héroe o la heroína, su "¡Ajá!" o "¡Eureka!" momento.

Por lo general, es el punto en el que entienden cómo van a resolver finalmente su problema o superar su desafío.

En las mejores historias, la epifanía surge como resultado de sus esfuerzos para llegar a ese punto, que se dispersa como pistas para mantener informada a la audiencia, pero también para que siga adivinando.

Podría ser una ficha o un amuleto que revele el camino a seguir. Podría ser un guión o una llave que abre una cámara secreta. O podría ser la unión de varias cosas que apuntan a la solución, como las piezas de un rompecabezas.

5. Toda historia necesita una transformación

La transformación se refiere a cómo el héroe o la heroína resuelve el problema o resuelve la situación como resultado de su momento de epifanía.

En *El Señor de los Anillos, La Comunidad del Anillo,* Frodo y compañía están parados frente a las puertas de las Murallas de Moria. Las palabras élficas escritas en las puertas dicen "*Habla amigo y entra*". Gandalf dice las palabras en inglés, pero no pasa nada. Entonces Frodo tiene un momento de epifanía.

Le pregunta a Gandalf: "*¿Cuál es la palabra élfica para amigo?*" Gandalf dice la palabra en élfico y las puertas se abren. Este es un ejemplo de ¡Ajá! Momento y cómo ayuda al héroe a resolver un acertijo.

Por supuesto, en una historia tan larga como esta, hay muchos desafíos que superar y transformaciones en el camino.

No necesitas cientos de historias diferentes

Incluso los narradores más fluidos se basan en solo un puñado de historias.

Esa es una de las cosas de las que se dio cuenta el gran Milton Erickson. Contaba la misma historia a diferentes personas, enfatizando ciertos elementos que eran más apropiados para la audiencia a la que estaba hablando.

Por lo tanto, probablemente solo necesite saber de 5 a 10 historias que puede volver a contar de diferentes maneras según lo que necesite para una situación determinada.

Además, si hay muchos personajes en tu historia, puedes enfocarte en diferentes personajes cada vez que la cuentes.

Siempre que la historia tenga un elemento emocional que la ayude a conectarse con su oyente, puede contarla desde la perspectiva que sea más adecuada en ese momento.

La mejor manera de convertirse en un narrador talentoso es contar muchas historias. Cuantas más historias cuentes, más fácil te resultará contarlas. Y más historias podrás recordar.

Esto se remonta a los días de la tradición oral cuando las historias no se escribían, sino que se transmitían de boca en boca.

Las historias habrían cambiado de un recuento a otro, dependiendo de dónde se contaran y a quién. Y también puede imaginarse a la próxima generación de narradores embelleciendo la historia para hacerla más emocionante o intrigante para su público en particular.

Las historias hipnóticas deberían provocar emociones

Uno de los propósitos de la narración hipnótica es provocar emociones. Esto se relaciona con la tercera parte de la fórmula ABS, donde intentas estimular el inconsciente.

El inconsciente es donde residen la emoción, la imaginación y la creatividad, por lo que si desea acceder al inconsciente, una manera fácil de lograrlo es suscitando emociones en su oyente.

¿Cómo lo haces? Al recordar las emociones que sentiste al volver a contar la historia. Esto le permite atraer a su oyente a la historia para que pueda sentir la emoción, la emoción y el entusiasmo que sintió hasta cierto punto.

¿Qué es una historia, de todos modos?

Se podría decir que es un montón de hechos envueltos en emoción. Si ese es el caso, entonces el elemento emocional es lo que te ayuda a conectarte con otra persona.

Y para hacer eso, tienes que contar la historia con tanta pasión y convicción como sea posible.

Como sabes, la hipnosis tiene un tremendo poder para ayudar a las personas. Una de las formas en que lo hace es influyéndolos suavemente para que realicen cambios sutiles en su estilo de vida. Para dejar malos hábitos, por ejemplo, o para poder priorizar mejor su tiempo.

Otra cosa que probablemente ya sepas es que poner a alguien en trance significa pasar por alto su factor crítico.

Cuando comienzas a contar una historia, la persona que te escucha comienza a ver imágenes en su mente. Estás agitando su imaginación, desviando su atención del mundo consciente hacia el mundo inconsciente. Y cuando cuenta la historia con pasión, está agregando una dimensión adicional que hace que eludir el factor crítico sea aún más fácil.

La narración hipnótica te da la capacidad de influir en las personas sin que sepan que lo estás haciendo. En lo que a ellos respecta, solo estás relatando una experiencia.

Desde tu punto de vista, solo estás contando una historia, por lo que realmente no podría ser mucho más simple. Pero te da la habilidad de poner a los sujetos en trance con facilidad y ayudarlos a vivir vidas mejores y más productivas.

Y dado que a todo el mundo le encanta una buena historia, es un escenario en el que todos ganan.

12
La poderosa fórmula de narración de cuentos de Disney

Todos estamos familiarizados con las maravillosas películas producidas por Disney. Independientemente de la edad y la nacionalidad, la gente acude en masa a los cines para ver el último estreno. La mayoría de nosotros todavía podemos recordar personajes que conocimos cuando éramos niños y, lo que es más importante, las historias siguen vivas en nuestra imaginación.

Pero, ¿cuál es el secreto de sus décadas de éxito? Le mostraremos qué es, por qué es tan importante y cómo puede aplicarlo en su propio video para impulsar su negocio.

El secreto es: ¡una narración fantástica!

Decir, "Cuenta una historia fantástica" puede sonar fácil de hacer, pero no lo es. No se puede simplemente producir un cuento simple. Debe ser atractivo, cautivador y atractivo para los corazones y las mentes del espectador. Para ello es necesario conocer y comprender a la audiencia.

Esta comprensión es una parte crucial de la receta de Disney; todos sus famosos y queridos clásicos como "101 dálmatas", "Del revés", "Frozen" o "El Rey León" se basan y utilizan este conocimiento.

Además, todas las películas de Disney reconocen ciertas necesidades humanas básicas:

- Pertenecer a un grupo o comunidad.
- Amar y ser amado
- Ser parte de algo más grande que nosotros mismos.

Al incorporarlos en sus películas, Walt Disney los comunica de tal manera que cada espectador, sin importar quién sea, **puede relacionarse con un personaje o algún aspecto de la historia.**

Por ejemplo, **¿quién no sueña con encontrar a su verdadero amor** como la Bella Durmiente? Esperó a su príncipe quien la liberó de la maldición con un beso. **¿Quién no quiere ser parte de algo más grande** que nosotros mismos en lo que creen como Mulan? Se disfrazó de hombre y tomó el lugar de su padre y valientemente fue a la batalla. **¿No queremos todos ser libres** como Rapunzel que quedó atrapada en su torre?

Todas las películas de Disney siguen el mismo patrón o fórmula, ¡y funciona! Miremos más de cerca.

La fórmula narrativa de Disney

Si miras las películas de Disney, verás un patrón repetitivo. Esta fórmula también se puede usar en el mundo real y en marketing, pero hablaremos de eso más adelante... La receta increíblemente exitosa de Disney se puede dividir en etapas que desarrollan la historia y atraen a la audiencia.

#1 Nos presentan al mundo

Cada historia o cuento de hadas de Disney tiene lugar en su propio mundo. Todos ellos son diferentes y tienen sus propias realidades y reglas. Algunos son mágicos y nos presentan animales que hablan o coches con características y naturalezas muy humanas. Otros están un poco más cerca del mundo con el que estamos más familiarizados.

El primer paso es introducir a la audiencia a este mundo para que se familiaricen con él y entiendan la vida en él.

#2 Conocemos al personaje principal

Una vez que el espectador se ha acomodado en este nuevo mundo, conoce al personaje o personajes principales de la historia. Nos presentan sus personalidades y su comportamiento típico.

Una forma efectiva de hacer esto es mostrarle cómo va su día para que nos involucremos en sus actividades y, a menudo, nos relacionemos con ellos. Como resultado, crece nuestra implicación e interés por el personaje y su mundo. Nos adentramos más en la historia y comenzamos a preocuparnos y a gustarnos o disgustarnos ciertos personajes.

#3 El personaje principal se enfrenta a un problema

En este punto de la historia el personaje principal se enfrenta a un problema que supone una gran dificultad e incluso peligro. Una dimensión adicional es que a menudo él o ella debe enfrentar su mayor miedo o lucha con algo o alguien que resalta las debilidades de su carácter.

#4 El problema parece ser insuperable

El héroe entonces hace todo lo que puede para superar el problema. Sin embargo, falla. Después de luchar con la situación, no se da por vencido, pero se da cuenta de que lidiar con ella como normalmente maneja las cosas no funcionará.

#5 El héroe acepta la necesidad de cambiar

La siguiente etapa de la narración muestra cómo cambia el personaje porque se comprende mejor a sí mismo, aprende lecciones y continúa creciendo y desarrollándose. ¡Esto lleva a nuestro héroe a actuar con nuevo coraje y mayor determinación!

A menudo, este crecimiento proviene del interior del personaje. En otras historias, sin embargo, el aprendizaje y el crecimiento cuentan con la ayuda de maestros o el apoyo de amigos. Con esta fuerza recién descubierta, el héroe puede abordar el problema nuevamente con una resolución renovada y de una manera diferente.

Elsa de Frozen 2 y su transformación: ahora aborda su problema de manera diferente.

#6 El regreso triunfal del héroe

La historia a menudo termina con el regreso del personaje principal a su hogar o al lugar donde comenzó la historia. Incluso si el lugar y el mundo son los mismos, nuestro héroe no lo es. Él o ella es diferente de alguna manera: más sabio, más feliz o más valiente, por ejemplo.

Un ejemplo de la exitosa fórmula de Disney en acción: la película de 2015 "Inside out"

Estas seis etapas se utilizan en la mayoría de las películas del estudio, como se mencionó. Un buen ejemplo es "Inside Out", ganadora del Oscar en 2015, que fue popular en todo el mundo.

El escenario de apertura presenta el mundo desde la perspectiva del personaje principal: una niña de 11 años llamada Riley. La característica única del mundo de Riley es que está guiada por 5 emociones. Cada uno está representado por un pequeño personaje de color, y viven en su cabeza que se conoce como sede. Estos personajes son Alegría, Tristeza, Miedo, Ira y Disgusto. Aunque Riley define estas emociones, controlan todas sus acciones.

Nos presentan las emociones que impulsan a Riley.

El problema surge cuando Riley y sus padres se mudan a otra ciudad y todo cambia. Sus emociones toman el control y un desastre tras otro tienen lugar en el centro de control. Lo peor de todo es que Joy y Sorrow son succionados de la sede. La ira, el miedo y el disgusto quedan a cargo y el efecto en la vida de Riley es significativo.

Riley tiene días difíciles en su nueva escuela.

Joy and Sorrow tendrá un largo y duro viaje para encontrar el camino de regreso. Sin embargo, en el camino Joy descubre que a veces la Tristeza puede ser útil y que la felicidad y la diversión no son útiles en todas las situaciones. Casi al final de sus aventuras aparece un obstáculo aparentemente imposible que deben superar.

Con la ayuda de un amigo, lo consiguen y consiguen volver al cuartel general. Joy se da cuenta de que todas las emociones son importantes y que Riley las necesita todas para vivir y crecer.

"Sí, pero eso es una película", te escucho decir. Entonces, ¿cómo puede funcionar para usted la fórmula de Disney en su propio video de marca? La siguiente sección lo dejará claro.

13
Storytelling al estilo Disney para tu empresa

La narración de historias es una herramienta inmensamente poderosa porque nos permite interactuar con nuestra audiencia y permanecer en sus mentes. Aquí hay 3 pasos que lo ayudarán a usar la fórmula de Disney para el éxito de la marca de su empresa:

#1 Presenta tu mundo a tu audiencia

En este importante primer paso, debe traer a su espectador a su mundo. Esto no se trata necesariamente o solo de productos o servicios, por significativos que sean. Debes mostrarle a la audiencia, que está afuera mirando hacia adentro, cuál es tu mundo o empresa.

Explique las reglas y leyes para que los espectadores puedan entrar en su mundo, sentirse cómodos y sumergirse en él. Ayúdalos a entender tus valores y lo que es importante para ti. En este punto, su espectador debe estar completamente comprometido y atraído por la historia que está contando.

#2 Identifique el problema

Es vital presentarle algo a la audiencia o mostrarles algo. Nuevamente, esto no tiene que ser un producto o un servicio. Podría ser una emoción.

Piense cuidadosamente en:

- Qué problema quieres resolver o llamar la atención
- ¿Qué emoción(es) están asociadas con esta situación/problema?
- Cómo puedes evocar esa emoción en tu audiencia.

Independientemente de cuál sea el "algo" que le muestres a tu espectador, tu enfoque debe estar en crear emociones porque son la clave para las mentes y los corazones de tu audiencia.

Fundamentalmente, debe mantenerse enfocado en los intereses de su público objetivo. No te quedes estancado en lo que te interesa.

#3 Presenta la solución

La siguiente fase muestra a la audiencia cómo se ve el mundo después de que se ha abordado y resuelto el problema. Si eso no es posible, muestra al espectador por qué es importante resolverlo. Como parte de esto, le mostrará a su audiencia cuál sería o cómo sería su enfoque para resolver esto.

Además de asegurarse de que el "cómo" sea claro, debe mostrar de manera efectiva al espectador por qué es tan importante resolver el problema. La transformación es clave: tu audiencia debe poder ver claramente los efectos de la solución o la falta de ella.

Un excelente ejemplo de este tipo de narración es Momondo, quien creó una serie de videos llamada "DNA Path", y quien aplicó con éxito los tres puntos descritos anteriormente. Estos videos se han vuelto virales a nivel mundial a través de varios canales, obteniendo la asombrosa cantidad de 120 millones de visitas en un solo mes.

La campaña documenta a 67 personas de todo el mundo que se sometieron a una prueba de ADN para descubrir sus orígenes.

Cada uno de estos anuncios de video muestra efectivamente cómo cambia el comportamiento y las opiniones de cada participante en el transcurso de su viaje de descubrimiento personal. Estas transformaciones, a su vez, impactan en los espectadores y los hacen pensar.

La empresa Momondo se dirige a su público a través de eslóganes emotivos y que invitan a la reflexión, como "Abramos nuestro mundo" y "Tienes más en común con el mundo de lo que crees". Esta empresa de viajes no solo utiliza eslóganes estándar; fomentan una mayor comprensión y tolerancia social y cultural al mismo tiempo que ofrecen indirectamente servicios de viaje.

14
Venta hipnótica

Cuando hablo de ventas hipnóticas, ¿quiero decir que quiero que traiga un reloj de bolsillo a la llamada de ventas y lo mueva hacia adelante y hacia atrás frente al prospecto y le diga que sus ojos se están volviendo más pesados? No claro que no.

De lo que estoy hablando es de usar su lenguaje de manera diferente al vendedor promedio.

Muchos de los patrones y técnicas del lenguaje a los que me refiero aquí provienen del genio creativo Milton H Erickson y son una de las formas de utilizar la **PNL en Ventas.**

¿El lenguaje en sí mismo puede ser hipnótico?

¿Te sorprendería saber que el lenguaje en sí mismo puede ser hipnótico?

Como ves, cuanto más abstracto sea el lenguaje que utilices, más hipnótica será tu comunicación. Cuanto más detallado y específico sea su lenguaje, más probable es que saque a la gente de su trance. Hablo del lenguaje hipnótico en mi libro sobre **lenguaje de ventas.**

En rastro y fuera de trance

Hay ciertos momentos durante una llamada de ventas en los que desea que su prospecto esté en trance.

pero hay otros momentos durante la llamada en los que desea que estén fuera del trance. Cuando usted está descubriendo lo que sus clientes realmente quieren es cuando quiere que salgan del trance. En ese momento estarás usando palabras como, "¿qué específicamente..." o "¿cuál es un ejemplo de eso?" O "¿qué pasaría si lo hicieras?"

Los momentos en los que desea que su cliente potencial esté en trance es al principio y al final de una llamada de ventas. Desea que estén en trance al comienzo de una llamada de ventas para ayudarlo a construir una relación con ellos, un entendimiento. Desea que estén en trance al final de una llamada de ventas para relacionarlos con las razones emocionales por las que desean comprar su producto o servicio.

Puede pensar que es inusual hablar de trance.

Puedes pensar que nunca has estado en trance. Pero el trance puede ser mucho más común de lo que crees. Stephen Wolinsky en su libro "Trances People Live" ciertamente piensa que sí.

Déjame darte algunos ejemplos comunes de trance.

Si tienes hijos, ¿alguna vez los has visto absortos en un programa de televisión y has tratado de llamar su atención para que hagan algo que tú quieres que hagan? Por lo general, sus enfoques se ignoran. Incluso he escuchado a algunos padres referirse a esto como sordera selectiva. En realidad, este es un ejemplo de un fenómeno hipnótico conocido como alucinación negativa. Los niños literalmente no escuchan a sus padres porque están hipnóticamente fijados a la pantalla del televisor.

¿Alguna vez ha estado en la iglesia cuando el Ministro estaba dando su sermón y notó que la gente se estaba quedando dormida? ¿Quizás has visto el mismo escenario cuando el director de la escuela estaba hablando en una asamblea? La próxima vez que eso suceda, preste especial atención al lenguaje que está usando el hablante porque está usando un lenguaje hipnótico. También debe tomar nota del tono y el tempo de su voz que respalda el trance en el que están poniendo a las personas. Es una pena que no se dieran cuenta de que lo estaban haciendo.

¿Por qué querrías usar técnicas de venta hipnótica?

Bueno, ya ves, cuando tu prospecto te conoce, ellos traen sus mentes conscientes e inconscientes a la reunión.

Y si quiere estar seguro de realizar una venta, debe convencer tanto a su mente consciente como a su inconsciente de que comprar es lo correcto.

¿Es posible que hayas escuchado la expresión de que "la gente compra con sus emociones y justifica con su lógica"? Bueno, las emociones están en el dominio del inconsciente. La lógica es la moneda de la mente consciente. Entonces, las personas que hacen ese comentario dicen que necesitamos venderle a la mente inconsciente de nuestro prospecto. Y la forma de hacerlo es con la venta hipnótica.

Entonces, ¿cuál es el proceso de venta hipnótica?

Verá que se trata de conocer a su prospecto en el trance en el que se encuentra y llevarlo al trance en el que usted quiere que esté. Cuando se encuentra con él, puede estar en el trance del escepticismo o la frustración. Los encuentras allí con comprensión y simpatía. Luego, utiliza sus habilidades de comunicación para llevarlos al trance de apreciar su oferta y tal vez incluso al trance de comprar.

Debido a que el primer paso es unirse a ellos en su trance, una de las cosas más importantes que puede hacer en cualquier interacción de ventas es **establecer una buena relación** con su cliente potencial. **Construir una buena relación es parte de entrar en trance.** Ahora menciono la **relación** en varios lugares de este sitio web y no dude en buscar esas referencias.

Una vez que estás con ellos, necesitas que empiecen a seguirte. Para hacer esto, necesita estar observándolos y escuchándolos muy de cerca. Esta es una de las principales diferencias entre la "venta normal" y la venta hipnótica. Para que usted sepa si su lenguaje los está traduciendo, debe estar al tanto de sus respuestas momento a momento a su comunicación.

Una técnica de ventas de la "vieja escuela" es el "sí... conjunto". En el mundo moderno de hoy, esta práctica es **mucho menos efectiva** porque los compradores profesionales saben lo que está haciendo. Sin embargo, es un ejemplo temprano de una técnica de venta hipnótica porque la idea es lograr que las personas sigan o entren en trance para decir que sí.

Permíteme darte un ejemplo de otro patrón de lenguaje hipnótico similar que puedes usar durante una llamada de ventas. Este patrón se basa en algo llamado " **equivalente complejo** ". Imagínese entrar en una reunión de ventas y decir lo siguiente. "Gracias por tomarse el tiempo para verme hoy. Quiero decir, usted me asignó el tiempo, llegué aquí a tiempo, tengo mi información aquí conmigo, el teléfono está descolgado y eso significa que vamos a tener una fructífera reunión donde trataremos algo de tu interés".

Ahora bien, esto es similar a un "sí establecido", pero no tiene que esperar a que el prospecto responda con un sí y es un poco más actual que el tradicional "sí establecido". Lo que sí hace es prepararte para tener una mejor reunión sugiriendo a la mente inconsciente del prospecto que la reunión será fructífera y que tienes algo de interés para ellos. Hace esto vinculándose a algunos hechos y diciendo que significa otra cosa.

Una vez que haya establecido una relación, parte de hacer que lo sigan es usar un lenguaje hipnótico.

Como se mencionó anteriormente en esta página, ciertas palabras son en sí mismas hipnóticas. Las palabras hipnóticas son palabras abstractas, palabras que hablan de conceptos y valores. Y qué mejores palabras para poner en trance a tu prospecto que sus propios valores.

Si sigue el método mencionado en las siguientes páginas, estará bien encaminado para conocer los valores de su cliente potencial y comenzar el proceso de seguir sus sugerencias...

Necesidades y deseos

También eche un vistazo a **Criterios en Ventas** para obtener información sobre criterios (otra palabra para valores).

Como mencioné anteriormente, una vez que haya establecido un estado de trance con su prospecto mediante el uso de ventas hipnóticas, es hora de sacarlo del trance para averiguar sus deseos exactos haciendo preguntas específicas.

Una vez que hayas confirmado que hay una superposición entre sus deseos y lo que estás ofreciendo, es hora de restablecer el trance (y cerrar la venta), lo que puedes hacer fácilmente usando las palabras de valores/criterios que les has sacado antes. También puede utilizar el concepto de **anclaje** para devolverlos de forma no verbal al estado de trance para cerrar. Este es solo un aspecto de **la comunicación no verbal que** puedes usar a tu favor.

A medida que cierra, puede usar **comandos incorporados** en su venta hipnótica para sugerirles las acciones que deberían tomar.

¿Qué son exactamente los comandos integrados?

Los comandos incrustados implican el resaltado sutil del lenguaje dentro de una oración normal que marca esas palabras en la mente inconsciente.
La mejor manera de marcar estas palabras es pronunciarlas más bajo y más alto.

Déjame darte un ejemplo.

Un vendedor de autos podría decir algo como lo siguiente: Este auto es tan emocionante que muchas personas... ***lo prueban***... Cuando lo hacen, ellos... ***se divierten mucho***. A menudo regresan y me dicen que quieren... ***comprar este auto***.
Si le dijeras esto a un prospecto, su mente inconsciente escucharía: " ***Pruébalo. Diviértete mucho. Compra este auto*** ".

Un ejemplo especial de comandos incrustados implica el uso de la negación

Por ejemplo:

Bueno, ¿verdad? No tienes que emocionarte con todo esto ahora, ¿verdad?"

Los comandos incrustados como este se pueden encontrar naturalmente en el habla cotidiana de muchas personas. Por ejemplo, cuando los padres les dicen a sus hijos: "Asegúrate de que no se te caiga ese vaso".

¿Qué suele pasar?

El niño imagina esa misma experiencia que quiere evitar y deja caer el vaso momentos después.

Cuentacuentos

La última estrategia de venta hipnótica que mencionaré es la narración de historias.

Al final de una llamada de ventas, a menudo es bueno incorporar una historia que lleve al prospecto a comprar su producto. Por lo general, esta historia puede tratarse de otro cliente potencial que compró el producto y obtuvo resultados sobresalientes.

Y recuerda que lo importante no es solo lo que dices sino **cómo lo dices**.

Las personas juegan sus historias de vida buscando ciertas cosas y si presentas tu historia y ofreces de una manera que se alinee con sus intereses, obtendrás una mejor respuesta de ellos. Llamo a estos intereses su **propósito de vida.**

Si usa la venta hipnótica en sus reuniones de ventas y cerca: usando el anclaje establecido anteriormente en la llamada, usando las palabras de criterio de sus prospectos y colocando una serie de presuposiciones y comandos integrados mientras dice un tema relevante. historia te sorprenderá la cantidad de ventas que cierras.

15
Persuasión en PNL

¿Qué es exactamente la persuasión de la PNL?

Veamos un par de definiciones.

Wikipedia describe más o menos la persuasión como: La persuasión es el proceso de guiar a las personas hacia la adopción de una idea, actitud o acción por medios racionales y simbólicos (aunque no siempre lógicos).

Ahora, ¿qué es esto de la PNL?

PNL es un acrónimo de Programación Neurolingüística. Se trata de cómo los humanos programamos nuestra neurología mediante el uso del lenguaje (tanto verbal como no verbal). Como ha dicho uno de los fundadores de la PNL, Richard Bandler: *"La PNL es una actitud y una metodología que deja tras de sí una estela de Técnicas. La actitud es la Curiosidad y la metodología el Modelamiento."*

Entonces, no pasó mucho tiempo antes de que la PNL se aplicara a excelentes vendedores y modelarlos dio lugar a una estela de técnicas conocidas como Persuasión de PNL.

Veamos algunas de esas técnicas.

Relación

Comencemos desde el principio de una discusión de ventas. Para venderle a alguien, la mayor parte del tiempo tiene que estar abierto para comunicarse contigo.

Muchos capacitadores de ventas le sugerirán que busque puntos en común entre usted y su prospecto. Por ejemplo, si ves una tropa de golf en su escritorio o una foto de sus hijos, entonces hablas de eso.

La idea detrás de esto es que somos personas sociales. Una vez que se le percibe como parte del mismo grupo que otra persona (es decir, ambos son jugadores de golf), existe cierto grado de similitud que implica conexión y ayuda a generar confianza. Y todos sabemos que la confianza precede a la venta.

El principal problema que tengo con esto es que la conexión NO está a nivel empresarial.

Estoy seguro de que habrías tenido la siguiente experiencia.

Estás con un prospecto y felizmente hablando de golf y compartiendo historias divertidas y todo está bien. Ahora, ha llegado el momento de hablar de negocios. Planteas el tema y el prospecto cambia de posición en su silla y su tono cambia instantáneamente, tal vez incluso luego cruza los brazos. "Se trata de negocios". ¿Y qué ha pasado con esa conexión, ese Rapport? Desaparecido? ¿O al menos cambiado?

Hay una mejor manera de establecer una conexión con su prospecto.

El proceso de desarrollar las líneas de comunicación entre las personas es un proceso de construcción de Rapport y es una de las habilidades centrales de la Persuasión de la PNL.

Idioma

Recuerda que la segunda palabra en PNL es "lingüística". Opera de dos formas en el proceso de venta. En primer lugar, podemos entender mucho sobre nuestro prospecto prestando atención a la estructura del lenguaje que usan. En segundo lugar, podemos estructurar nuestro lenguaje en términos de persuasión de PNL para tener la máxima influencia persuasiva en nuestro prospecto.

Ciertos modelos de lenguaje de PNL se utilizan para **que el cliente tenga claro lo que realmente quiere.**

Puede ser sorprendentemente difícil hacer que la gente te diga lo que realmente quiere.

A menudo, cuando le preguntas a alguien qué quiere, te dirá lo que no quiere.

La PNL nos brinda una manera de ayudarlos a descubrir lo que quieren.
"Bueno, idealmente, si no hubiera restricciones de tamaño o precio, ¿qué te gustaría realmente?"

Luego, tienen que entrar en su cabeza, eliminar las restricciones que habían impuesto a su pensamiento y pensar realmente en las posibilidades.

Puedes usar ciertos patrones de lenguaje de PNL para contar historias y hacer que tu lenguaje sea algo hipnótico. **La venta hipnótica** es muy poderosa.

Pero esto está lejos de ser un estudio exhaustivo de la PNL en lenguaje y persuasión.

Incluso la forma en que hablas puede marcar la diferencia. " No es lo que dices sino cómo lo dices".

Los canadienses son bien conocidos por su tendencia a levantar la voz al final de una oración. Los canadienses a menudo son percibidos de manera diferente a los estadounidenses. ¿Podría esto tener algo que ver con este hábito del idioma?

Verás, el significado de lo que decimos puede verse influenciado por nuestro tono de voz. Especialmente, cómo terminamos una oración.

Básicamente, tenemos tres opciones.

Cuando decimos algo podemos terminar la oración con:

- Una entonación de voz ascendente
- Una entonación de voz sin cambios
- Una entonación de voz hacia abajo/ más profunda

Pruébelo usted mismo.

Escojamos una oración para decir. "Quieres comprar esto".

Di esa oración con un tono ascendente al final. Suena como una pregunta, ¿no?

Ahora di esa oración de nuevo y di las últimas dos palabras más alto y más profundo.

¿Puedes notar la diferencia?

Anclaje

Experimentamos cada momento que estamos vivos en algún tipo de estado.

Estamos felices, tristes, curiosos, aburridos o emocionados, etc. Muchos de estos estados simplemente nos suceden, así que pensamos.

Cuando de repente pareces feliz sin ninguna razón en particular, espera que el anclaje tenga algo que ver con eso.

El anclaje es cuando se revive la memoria de un evento pasado y usted responde volviendo al estado en el que se encontraba durante ese evento pasado.

La PNL nos enseña a utilizar el anclaje para gestionar tanto nuestro estado como el estado de nuestro prospecto.

Imagine cuánto mejor vendería si estuviera en el estado correcto y cuánto más fácil sería venderle a un cliente feliz.

Reencuadre

El reencuadre es otra habilidad de persuasión de PNL de gran utilidad para un vendedor.

Es el arte de tomar una declaración o una creencia y mirarla desde otra perspectiva.

El prospecto a menudo puede tener un punto de vista negativo sobre algún aspecto de su producto o servicio y puede usar el reencuadre de ventas para cambiarlo a una perspectiva positiva o al menos neutral.

Un ejemplo es una declaración como, " el problema no se trata realmente de X, el problema es Y, ¿no es así?"

Si se usa bien, le permite alterar la realidad de un cliente potencial de forma bastante drástica.

Metaprogramas

Los metaprogramas son como filtros de alto nivel sobre cómo pensamos y actuamos.

Una vez que comprenda cómo detectar estos filtros y usarlos, podrá hablar de manera que su prospecto lo entienda fácilmente y de manera que lo motive a comprar.

En su forma más simple (pero no subestimes su poder de venta) la gente está motivada por la zanahoria o el palo.

Y la forma en que se acerque a un prospecto debe ser consistente con si está "buscando una zanahoria" o tratando de "evitar el palo".

Envolver

La persuasión de PNL puede marcar una gran diferencia en los resultados de sus ventas.

Enseñados bien, practicados con frecuencia y usados sabiamente, pueden aumentar sus ventas en un 300% o más.

16
Las 20 frases y técnicas de marketing hipnótico más poderosas

Las frases de marketing están en todas partes. Simplemente no puede evitarlos a menos que viva en medio de la nada sin acceso a medios, tiendas o productos de ningún tipo.

Tu caja de cereal está llena de marketing hipnótico.

Todo lo que ves, oyes, saboreas, hueles y tocas está anclado a tus deseos subconscientes por medio del marketing.

La única forma de evitar realmente las frases de marketing es sentarse en la cima de una montaña como un monje zen bloqueando por completo el mundo que te rodea.

Entonces, ¿cómo aprovechar fácilmente el poder de los billones de dólares gastados en marketing por empresas generadoras de miles de millones de dólares cada año para superar las objeciones de sus clientes?

Copiar es la mejor forma de adulación.

Técnica 1: convertir una orden directa en una pregunta

Firme el contrato ahora

se convierte…

¿Tienes un bolígrafo para firmar el contrato?

Técnica 2: la invitación genera exclusividad

Estás invitado a…

Técnica 3: Abrir la mente de sus clientes Sans Pry Bar

Considerarías…

Podrías estar de acuerdo en que…

¿Qué pasaría si fueras a…

Técnica 4: complacer las creencias del grupo

Muchas personas creen... (hecho o idea que usted quiere que crean).

Todo el mundo sabe que... (hecho o idea que quiere que crean).

Cuando a la gente le gustas tú mismo... (rostro o idea que quieres que crean.)

Técnica 5: Tú y yo somos lo MISMO

Si eres como yo, te encantará la facilidad con la que ahora puedes ______.

Técnica 6: complacer a la inteligencia de sus clientes

Probablemente ya esté al tanto del hecho de que (las personas que hacen xyz cosechan la recompensa).

Es posible que ya conozca el (beneficio que obtiene) cuando (compre el widget xyz ahora).

Técnica 7: Provocar emociones específicas... Estilo de puerta trasera

Te sentirás increíble cuando (te des cuenta de cuán fácilmente puedes beneficiarte de una pequeña inversión de solo $ 1.00 por día).

Técnica 8: Anclar a su cliente en el momento identificando dónde está y qué está haciendo en este momento

Mientras te sientas aquí escuchándome/leyendo esto/viendo esto, es posible que (ya hayas comenzado a relajarte sabiendo que tus problemas se han resuelto).

Técnica 9: Provocar un sentimiento usando la mente

Piense en cómo (sentimiento) se sentirá cuando (resultado final generado por su producto).

Imagina lo increíble que te sentirás cuando descubras con qué facilidad puedes ganar 5k, 10k o incluso 15k al mes cuando promocionas el Generador de Ingresos Ilimitado 3000

Técnica 10: Dígales lo que les ha dicho y luego presente el siguiente "paso lógico"

Tenemos __________, y ____________, así que__________________.

Le explicamos lo que necesita y discutimos cómo nuestro increíble dispositivo ha llevado a su competidor a la cima del éxito. Ahora probablemente se esté preguntando cuándo podemos llevar nuestro increíble dispositivo a su puerta.

Técnica 11: Obtención de acuerdo con una pregunta

¿No estaría de acuerdo en que... (indique su posición o hecho acerca de su producto).

Me encanta (beneficio del producto y cómo los hace sentir), **¿no es así?**

A todo el mundo le vendría bien algo de dinero extra, **¿no le parece?**

Estás interesado en ganar 5.000 extra este mes, **¿verdad?**

Es importante sentir que está recibiendo el mejor servicio posible al precio más bajo, **¿no es así?**

Es MUY divertido usarlos cuando se habla cara a cara con amigos, familiares y clientes y ver cómo entran en trance asintiendo con la cabeza durante minutos seguidos. ¡Inténtalo!

Técnica 12: Aumento del poder de las palabras

Hay una GRAN diferencia entre las palabras A veces, A menudo y Frecuentemente, pero solo en términos de la sensación de poder y seguridad que invocan. Hacer algo dos veces por semana puede ser A veces, A menudo o Frecuente.

Prefieres ver:

Las personas que compran nuestro widget A VECES duplican sus ingresos

Las personas que compran nuestro widget A MENUDO duplican sus ingresos

Las personas que compran nuestro widget FRECUENTEMENTE duplican sus ingresos

(¿Nos atrevemos a decir siempre?)

Las personas que compran nuestro widget SIEMPRE duplican sus ingresos.

Siempre no es lo mismo que A veces, A menudo y Frecuentemente, pero utilícelo SIEMPRE que pueda salirse con la suya y no lanzar banderas rojas.

Técnica 13: dos beneficios para usted

¿Prefieres (firmar cuando traiga el papeleo hoy) o (firmar cuando te lleve a almorzar para celebrar mañana)?

Técnica 14: Futuro VS. Estancado

¿No preferirías (dar un pequeño paso hacia la libertad financiera ahora) que (permanecer estancado en una vida sin ninguna esperanza).

Técnica 15: ¿Es de hecho un HECHO?

De hecho, (exprese su creencia sobre su producto o una creencia negativa sobre el producto de un competidor).

De hecho, a miles de clientes satisfechos les encanta cómo el producto ABC les ahorra más del 50% en el costo de sus facturas de energía cada año.

(BRILLANTE porque recientemente hemos descubierto que la mente subconsciente solo determina las palabras "De hecho" como un sólido, en blanco y negro, llévalo al banco HECHO)

Técnica 16: Comandos integrados

Aww... el mundo súper travieso de los comandos integrados. Todos los escritores hipnóticos conversacionales sueñan. Simplemente ponga que oculta un comando en una oración regular.

Los siguientes comandos están en negrita y cursiva.

No voy a decir (que ***soy la persona perfecta para su oferta de trabajo***) porque (eso podría ser demasiado agresivo). Lo que diré es (***beneficio para el comprador***).

Cómo (***comenzar fácilmente a aprender un nuevo idioma en solo 10 días***)

¡Imagínate si pudieras (***perder sin esfuerzo 5 libras de grasa abdominal fea en solo 2 semanas***) sin siquiera mover un dedo!

Técnica 17: Si....Entonces

Si encuentra la casa que desea hoy, puede firmar los papeles mañana por la mañana, ¿verdad?

Si (obtienes lo que quieres) entonces (harás lo que necesito que hagas para concretar la venta), ¿de acuerdo?

Técnica 18: Cuanto más tú, más tú (otro truco de comando incrustado)

Cuanto más **se ejercite con Ab Thrasher 10000**, más **verá los poderosos resultados de sus abdominales acanalados y duros en el espejo**.

Técnica 19: ¿Tarde o temprano? (Más comandos integrados)

Tarde o temprano (te darás cuenta de que ***ahora es el momento perfecto para aprovechar nuestra financiación a bajo interés***)

Técnica 20: Sé que sé

Lo sé (hecho). Yo también sé que (beneficio)

Sé que tienes una flota de 400 camiones. También sé que agradecería la oportunidad de reducir los costos de combustible de su empresa en un 50%.

Técnica 21: Lo que es importante

No es importante que compre un automóvil hoy, lo importante es que tenemos el automóvil adecuado para usted

Técnica 22: Considerando los Beneficios

Mientras considera los beneficios de (contratar a uno de nuestros diseñadores gráficos altamente capacitados), le gustaría (ver nuestra cartera de trabajos galardonados).

Técnica 23: Hecho Relevante

Ahora, esto puede no ser relevante para usted, pero (las personas que han usado el lavado de ventanas ABC todos los años ahorran miles de dólares porque tienen que reemplazar sus ventanas con mucha menos frecuencia)

Técnica 24: Tómelo bajo consejo

No le aconsejaría que ______ hasta __________.

No le aconsejaría que **comprara este Mercedes** hasta que no se sienta absolutamente seguro de **que** es **el coche perfecto para usted**.

¡Observe todos los comandos incrustados en ese!

Técnica 25: Experiencia

La experiencia demuestra que las personas que invierten en nuestro sistema de negociación de acciones obtienen un rendimiento del 125 % en 7 días o menos.

Técnica 26: Causa y Efecto

Cuando decida (comprar el producto xyz hoy) (cosechará el beneficio).

Su decisión de comprar (producto xyz) hará que (experimente un alivio extremo).

Existen muchas frases más poderosas para impulsar las ventas, pero algunas de mis favoritas se enumeran a continuación. La idea detrás de la mayoría de las frases de estilo PNL conversacionalmente hipnóticas que utilizo proviene de la fase de INDUCCIÓN de la hipnosis real. Hacen que los clientes se relajen, bajen la guardia y escuchen atentamente.

Ahora, no sé ustedes...

Déjame explicar…

Y lo mejor de todo...

Está bien no (comprar este producto hoy)...

Como puede imaginar, he reservado mi mejor bolsa de técnicas de los "10 mejores redactores publicitarios de ventas en el mundo" para clientes como usted que entienden el valor de aprovechar la poderosa experiencia...

17
Patrones de lenguaje hipnótico en redacción publicitaria: ¿reales o falsos?

No hay mucho término medio o debate razonado cuando se trata de patrones de lenguaje hipnótico en redacción y marketing. Pero algunas personas me han preguntado al respecto recientemente y vale la pena compartir algunas ideas sobre esta fascinante área de estudio.

Los patrones de lenguaje hipnótico han sido utilizados por anunciantes, vendedores y redactores publicitarios durante mucho tiempo, pero las técnicas empleadas son sutiles y no han sido bien documentadas ni comprendidas por completo. Los redactores publicitarios talentosos a menudo usan estas técnicas de manera intuitiva, sin saber que algunas de ellas forman la base de la hipnoterapia.

Lo que pretendo hacer aquí es explicar cómo funcionan y dar ejemplos de cómo se pueden utilizar en su escritura. No te preocupes, esto será mucho más simple de lo que piensas.

Antes de entrar en esto, definamos la hipnosis

Ahora bien, esto requiere una breve explicación de lo que es la hipnoterapia y, lo que es más importante, *lo que no es.* La hipnoterapia es el proceso de utilizar patrones de lenguaje en la práctica clínica para establecer una relación con un paciente, de modo que se abra a las sugerencias y acepte nuevas ideas sobre sí mismo o el mundo que lo rodea. Al hacerlo, un paciente puede liberarse de pensamientos negativos o creencias autolimitantes.

¿Cómo se relaciona la hipnoterapia con la escritura de ventas?

Entonces, cómo funciona esto es lo siguiente: cuando el paciente está completamente relajado y comprometido con el terapeuta, se baja la guardia de la mente consciente y se puede acceder al subconsciente (donde se mantienen todas nuestras creencias fundamentales).

Si tomamos la idea de que los patrones lingüísticos construyen una relación entre un terapeuta y un paciente, es lógico que una redacción publicitaria, un correo electrónico de ventas o una novela puedan hacer lo mismo. Y así como los psicoterapeutas deslizan nuevas ideas para que el paciente las adopte, la escritura de ventas y la publicidad también pueden hacerlo.

Si realmente involucramos a nuestra audiencia, podemos acceder a su subconsciente, al menos esa es la teoría. En redacción de ventas y publicidad, no estamos replicando lo que hacen los hipnoterapeutas, pero estamos usando algunos de los mismos conceptos centrales.

Echemos un vistazo a algunas de las técnicas de Erickson que pueden incorporarse a la redacción publicitaria.

Doble vínculo

Este es muy utilizado por los vendedores. Aquí es donde le presentas a tu cliente/audiencia la ilusión de elegir, pero ambas opciones conducen al mismo resultado, es decir, comprar tu producto. Si pregunto "¿quieres compras estándar o exprés?", te doy la ilusión de elegir, pero de hecho el resultado es el mismo porque en ambos escenarios compras el producto.

Esto funciona porque el subconsciente elige inmediatamente e instintivamente una de las dos opciones: tiene que tomar una decisión y no puede evitar elegir una. Si ya está en sintonía con la persona, esta es una técnica de venta efectiva.

Pero, ¿qué hay de usarlo por escrito? Si está enviando un correo electrónico a alguien, esto puede usarse de manera efectiva. Lo mismo se aplica a la redacción publicitaria publicitaria, la redacción publicitaria web, etc. Insertar opciones es bastante sencillo, por ejemplo, "Cuando se hospeda en un hotel Hilton, la única pregunta es el restaurante de alta cocina o el servicio de habitaciones".

Comandos integrados

Si eres fanático de Derren Brown, sabrás sobre esto. Esto implica decirle a la audiencia que haga algo, pero el comando está oculto dentro de una oración. Ejemplos de esto (cortesía de Lou Larsen) incluyen:

- ¿Cómo sería estar **realmente entusiasmado** por ganarse la vida en eBay?

- Cuando **empiezas a sentir curiosidad**, ¿actúas en consecuencia?

- Me pregunto qué tan rápido **sentirás la anticipación** de conocer mujeres hermosas donde quieras y cuando quieras.

- ¿Qué tan sorprendido estarías de **sentirte bien** con todas las posibilidades?

- A medida que lea este folleto, observe cómo se **interesa realmente** en todas las formas en que puede ganar más dinero.

La idea aquí es simple: mientras su cerebro consciente está ocupado pensando en el objeto (eBay, mujeres hermosas, ganar dinero), su subconsciente está absorbiendo el comando incrustado (emocionarse, sentir curiosidad, etc.)

En la hipnoterapia, esta es una técnica básica y funciona de manera efectiva. En la escritura de ventas, es un desafío incorporar comandos de una manera que parezca natural. Ahora, lo notable con los patrones de lenguaje Ericksonianos es que *todavía funcionan incluso si sabes que son patrones de lenguaje Ericksonianos.*

El subconsciente no distingue entre algo que es un comando de algo que no lo es.

Pero, ¿puede escribir sus correos electrónicos de "copy"/ventas de esta manera sin que suene un poco extraño o francamente extraño?

Enlace

Consiste en oraciones corridas con una serie de razones para comprar. Podemos crear una serie de sugerencias y razones usando "and", "because" y "so".

La idea es darle al subconsciente múltiples razones para comprar en rápida sucesión. Todo lo que el subconsciente necesita es una razón, independientemente de cuál sea la razón.

Un ejemplo es "Debes inscribirte hoy porque los precios nunca han sido más bajos y comenzarás a sentirte genial porque te pondrás en forma y te verás mejor que nunca porque tenemos los mejores entrenadores personales de la ciudad".

Si bien es posible que estemos pensando conscientemente que es una oración bastante extraña y comencemos a sopesar los pros y los contras de obtener una membresía en un gimnasio, el subconsciente recibió 3 razones para comprar.

Esta técnica funciona porque la palabra "porque" pasa por alto el razonamiento crítico de la mente consciente, y tan pronto como la escuchas, tu subconsciente simplemente acepta la razón. Podrías decir "Compre este producto porque el cielo es azul". No importa cuál sea la razón, el subconsciente ha identificado una razón para comprar y eso es todo lo que necesita.

Rory Fulcher de Hypnotic sugiere intentar usar esta técnica en la vida real. Intente hacer cola en una tienda y diga "¿Puedo pasar delante de usted porque necesito pagar mis compras?". Esto, la mayoría de las veces, argumenta, debería funcionar. ¡Si te atreves a intentarlo!

Metáforas

La literatura está cargada de metáforas. Melville, Dostoyevsky, Tolstoy y Orwell son solo algunos de los grandes literarios que usaron metáforas para comunicar ideas importantes. La escritura de ventas no es muy diferente, al menos conceptualmente. Usamos un lenguaje que representa una cosa pero significa otra.

Cuando la audiencia se enfoca en la historia literal, su subconsciente capta las ideas o sugerencias que se representan. Un ejemplo (adaptado de Kreativ Copywriting) es "El Plan de Jubilación ABC es como estar en un maravilloso viaje en tren sabiendo que tienes todo lo que necesitas; ¡horario, mapa, billetes, equipaje y un asiento súper cómodo en primera clase!"

Técnicamente esto es un símil. Todavía tengo que encontrarme con una aplicación apropiada de metáforas en la redacción publicitaria.

Imaginación

Este es más fácil de entender y la mayoría de los redactores publicitarios hacen esto al menos hasta cierto punto. Se trata de hacer que las personas imaginen un futuro o un escenario ideal, creando así un sentimiento positivo. Luego, el cerebro asocia el producto con ese sentimiento y, debido a que el cerebro nos dirige hacia cosas que provocan emociones positivas, compramos ese producto (o al menos tenemos una percepción positiva del producto).

En hipnoterapia, un ejemplo sería "Imagine cuánto mejor se sentirá cuando deje de fumar, respirando fácil y profundamente, libre de la carga de tener que fumar cigarrillos". Simple pero efectivo. Es simplemente conectar la acción con el beneficio de la acción.

Esto es poderoso porque una vez que visualizamos algo, es mucho más fácil para nosotros darnos cuenta. En redacción, esto es realmente fácil. Por ejemplo, "Imagínate lo fresca y juvenil que quedará tu piel después de usar nuestra Crema Regeneradora Extraordinaria". Imaginamos ese escenario y nos sentimos bien porque nos imaginamos a nosotros mismos como jóvenes y atractivos. El cerebro ahora se siente atraído por el producto porque invoca esos sentimientos positivos.

Esta técnica se presta bien a textos breves y eslóganes.

Mis 2 centavos sobre patrones hipnóticos en marketing

Estas son solo algunas de las técnicas hipnóticas que a veces se aplican al marketing. Para aquellos que buscan literatura académica sobre el tema, consulte Patterns of the Hypnotic Techniques of Milton H. Erickson de Richard Bandler y John Grinder. Para facilitar la lectura, diríjase a Hypnotc.com.

Estas técnicas, aunque han demostrado su eficacia en la hipnoterapia y la programación neurolingüística, tienen un traspaso limitado al marketing. Es mucho más fácil decirle estas cosas a un paciente que está participando activamente en la terapia que escribirlas e involucrar a una audiencia indiferente. Y es muy difícil comunicar estas ideas en un inglés adecuado.

Pero hasta cierto punto, estas técnicas *se usan en* marketing, solo que de manera más sutil y sin la nomenclatura que les han dado los terapeutas. Algunos de ellos, como los comandos incrustados, la imaginación y las metáforas, pueden funcionar. Otros no.

Una de las razones por las que los patrones lingüísticos ericksonianos no han despegado de manera significativa en marketing es que, al igual que la redacción publicitaria en general, es imposible cuantificar su éxito. Por lo tanto, la gente es inevitablemente escéptica. Pero el hecho es que muchos de nosotros hacemos algunas de estas cosas en publicidad y marketing instintivamente. Los vendedores lo hacen (mucho). Los políticos lo hacen. Incluso puedes hacerlo en una conversación normal sin darte cuenta.

18
La mejor carta de ventas jamás escrita y por qué es tan buena

Hay más de 2 mil millones de razones para leer esta carta de ventas.

¿La primera razón? Bueno, es la mejor carta de ventas jamás escrita (medida por las ganancias).

El resto de las razones son en forma de efectivo: ganancias frías y contundentes.

El redactor publicitario del Wall Street Journal escribió esta carta de ventas por correo directo que generó **más de $2 mil millones.**

Estás a punto de ver cada elemento, desglosado paso a paso, para que puedas entender con precisión por qué esta redacción publicitaria tuvo tanto éxito.

Y luego duplicarlo.

No le sorprenderá que esta carta de ventas "simple" de 2 páginas contenga más de 8 páginas de brillantes tácticas de redacción.

Compilé todos los métodos en esta publicación con una infografía que desglosa la anatomía de la carta de ventas de $ 2 mil millones.

La carta comienza así (la redacción publicitaria original se adjunta a continuación):

Estimado lector:

En una hermosa tarde de primavera, hace veinticinco años, dos jóvenes se graduaron de la misma universidad. Eran muy parecidos estos dos jóvenes. Ambos habían sido mejores que los estudiantes promedio, ambos eran agradables y ambos, como lo son los jóvenes graduados universitarios, estaban llenos de sueños ambiciosos para el futuro.

Recientemente, estos dos hombres regresaron a la universidad para su reunión número 25.

Todavía eran muy parecidos. Ambos estaban felizmente casados. Ambos tuvieron tres hijos. Y resultó que ambos habían ido a trabajar para la misma empresa manufacturera del Medio Oeste después de graduarse, y todavía estaban allí.

Pero había una diferencia. Uno de los hombres era gerente de un pequeño departamento de esa empresa. El otro era su presidente.

Qué marcó la diferencia

¿Alguna vez has pensado, como yo lo he hecho, qué hace este tipo de diferencia en la vida de las personas? No siempre es una inteligencia nativa o talento o dedicación. No es que una persona desee el el éxito y la otra no.

La diferencia está en lo que cada uno conoce y cómo usa ese conocimiento.

Y es por eso que les escribo a ustedes ya personas como ustedes sobre The Wall Street Journal. Porque ese es todo el propósito de The Journal: Brindar a sus lectores conocimiento, conocimiento que puedan usar en los negocios...

Entonces, ¿qué hace que esta simple introducción sea tan poderosa?

La anatomía de la mejor carta de ventas jamás escrita

La carta de ventas emplea 7 técnicas de redacción publicitaria altamente efectivas:

#1 Personalización.

La redacción *nunca puede* ser impersonal. Habla con tus lectores como si estuvieras hablando con un amigo. La tecnología de respuesta automática de correo electrónico no existía en ese entonces, por lo que el redactor de WSJ no podía generar automáticamente el nombre del lector, pero todavía se vuelve lo más personal posible, comenzando con "Estimado lector".

Él no está simplemente predicando a las masas.

En lugar de "La gente a menudo se pregunta qué hace ese tipo de diferencia", dice: "¿Alguna vez te has preguntado, como yo, qué hace este tipo de diferencia en la vida de las personas?" De esta manera se dirige personalmente al lector y logra que el lector participe activamente en la conversación.

2 Narración.

Los hechos cuentan, las historias venden.

Todos los redactores lo saben y tú también deberías hacerlo.

Eso no quiere decir que los hechos no ayuden. Ellas hacen. Pero los hechos son los que el cliente utiliza para justificar la compra.

La decisión real está impulsada por la emoción, y las historias son la mejor manera de invocar la emoción del lector, que en este caso se desencadena mediante el uso de la "estrategia de los desvalidos", que veremos pronto.

3 Orientación.

El redactor que escribió esta carta de ventas de $ 2 mil millones entendió claramente a su consumidor objetivo. Sus ejemplos son los hombres porque el Wall Street Journal era leído casi exclusivamente por hombres en ese momento. Los hombres estaban casados. Ambos tuvieron tres hijos. Y ambos trabajaban en una empresa manufacturera del Medio Oeste.

¿Cuánto quieres apostar a que esta orientación no es una coincidencia? Al dirigirse a su consumidor, fue capaz de persuadir al lector para que se pusiera en su lugar, y da la casualidad de que los zapatos que llenan entran en el territorio del Wall Street Journal.

4 Claridad.

Quiero enfatizar este punto antes de llegar a las imágenes, porque en la redacción publicitaria, la claridad es infinitamente más importante.

Si su lector tiene que caminar a través de prados de imágenes floridas, comenzará a sentir que se está ahogando en un mar de información sin sentido. Así que vaya al grano rápidamente y corte la pelusa.

5 Imágenes.

Con el concepto de claridad como primera prioridad, es bueno usar imágenes, especialmente imágenes que atraigan los sentidos (ver, oler, oír, saborear, sentir). Cuanto más involucres los sentidos de tu lector, más real será la historia y más efectiva será la carta de ventas.

Nuestro redactor del WSJ no dice que fue una "hermosa tarde de finales de primavera" solo porque le gustó cómo sonaba. Esas palabras crean una imagen e incluso un entorno de ventas eficaz para el lector.

6 El desvalido.

A todo el mundo le gusta una buena historia de perdedores, y hay un instinto primario y profundo en la raíz del motivo.

Cada persona que respira en la tierra verde de Dios se ha sentido como un desvalido en algún momento de su vida.

Y casi todas las personas vivas se sienten desvalidas en este momento, de alguna manera. Especialmente en lo que se refiere a dinero y prestigio, y especialmente en el mercado americano.

Es por eso que los psíquicos de lectura en frío usan la misma técnica en sus lecturas:

"En un área específica de tu vida sientes que estás solo, librando una guerra contra un gran ejército. La batalla ha sido cuesta arriba. Eres un David luchando contra Goliat", pueden decir, "pero estás listo para la victoria".

Si eso se aplica a usted, comprenderá rápidamente la técnica del desvalido. Si no, me quito el sombrero ante ti, glorioso monstruo de la naturaleza.

7 USP.

Su USP (propuesta de venta única) es esencialmente algo que su producto ofrece que su competidor no puede.

Entonces, mientras todos los demás venden guantes de boxeo negros o rojos normales, usted vende guantes en 12 colores diferentes.

Nuestro redactor publicitario comienza a comunicar el Wall Street Journal USP, diciendo que brinda "conocimiento a sus lectores, conocimiento que pueden usar en los negocios..."

Ahora, las técnicas que usa nuestro redactor del WSJ en su carta de ventas de $2 mil millones son geniales.

Sin embargo, sin *estructura,* los desencadenantes emocionales, la narración de historias y otras herramientas del oficio son prácticamente inútiles.

THE WALL STREET JOURNAL.

The daily diary of the American Dream.

22 Cortlandt Street/New York, New York 10007

Dear Reader:

On a beautiful late spring afternoon, twenty-five years ago, two young men graduated from the same college. They were very much alike, these two young men. Both had been better than average students, both were personable and both—as young college graduates are—were filled with ambitious dreams for the future.

Recently, these men returned to their college for their 25th reunion.

They were still very much alike. Both were happily married. Both had three children. And both, it turned out, had gone to work for the same Midwestern manufacturing company after graduation, and were still there.

But there was a difference. One of the men was manager of a small department of that company. The other was its president.

What Made The Difference

Have you ever wondered, as I have, what makes this kind of difference in people's lives? It isn't always a native intelligence or talent or dedication. It isn't that one person wants success and the other doesn't.

The difference lies in what each person knows and how he or she makes use of that knowledge.

And that is why I am writing to you and to people like you about The Wall Street Journal. For that is the whole purpose of The Journal: To give its readers knowledge—knowledge that they can use in business.

A Publication Unlike Any Other

You see, The Wall Street Journal is a unique publication. It's the country's only national business daily. Each business day, it is put together by the world's largest staff of business-news experts.

Each business day, The Journal's pages include a broad range of information of interest and significance to business-minded people, no matter where it comes from. Not just stocks and finance, but anything and everything in the whole, fast-moving world of business... The Wall Street Journal gives you all the business news you need—when you need it.

Knowledge Is Power

Right now, I am reading page one of The Journal. It combines all the important news of the day with in-depth feature reporting. Every phase of business news is covered, from articles on inflation, wholesale prices, car prices, tax incentives for industries to major developments in Washington, and elsewhere.

(over, please)

And there is page after page inside The Journal, filled with fascinating and significant information that's useful to you. A daily column on personal money management helps you become a smarter saver, better investor, wiser spender. There are weekly columns on small business, marketing, real estate, technology, regional developments. If you have never read The Wall Street Journal, you cannot imagine how useful it can be to you.

Much of the information that appears in The Journal appears nowhere else. The Journal is printed in numerous plants across the United States, so that you get it early each business day.

GREAT INTRODUCTORY PRICE!

<u>A $28 Subscription</u>

Put our statements to the proof by subscribing for the next 13 weeks for just $28. This is the shortest subscription term we offer—and a perfect way to get acquainted with The Journal. Or you may prefer to take advantage of a longer term subscription for greater savings: an annual subscription at $107 saves you $20 off The Journal's cover price. Our <u>best buy</u>—two years for <u>$185—saves you a full $69!</u>

Simply fill out the enclosed order card and mail it in the postage-paid envelope provided. And here's The Journal's guarantee: Should The Journal not measure up to your expectations, you may cancel this trial arrangement at any point and receive a refund for the undelivered portion of your subscription.

If you feel as we do that this is a fair and reasonable proposition, then you will want to find out without delay if The Wall Street Journal can do for you what it is doing for millions of readers. So please mail the enclosed order card now, and we will start serving you immediately.

About those two college classmates I mention at the beginning of this letter: They were graduated from college together and together got started in the business world. So what made their <u>lives</u> in business different?

Knowledge. Useful knowledge. And its application.

<u>An Investment In Success</u>

I cannot promise you that success will be instantly yours if you start reading The Wall Street Journal. But I can guarantee that you will find The Journal always interesting, always reliable, and always useful.

Sincerely yours,

Peter R. Kann
Executive Vice President/
Associate Publisher

PRK:vb
Encs

P.S. It's important to note that The Journal's subscription price may be tax deductible.

La anatomía secreta de esta carta de ventas

Es muy parecido al cerebro de Einstein en realidad.

En 1955, Albert Einstein murió mientras dormía. Le sacaron el cerebro y lo diseccionaron 7 horas y media después.

¿Por qué perforaron la caja del cerebro de la novia de la ingeniería de la bomba atómica de Estados Unidos?

Porque querían detalles, detalles enterrados profundamente en el lóbulo prefrontal colosal de Albert.

La disección es la mejor manera de averiguar cómo funcionan las cosas, así que eso es lo que vamos a hacer.

No tengo una rana para que cortes, ni siquiera un cerebro, pero para el redactor, esta disección de 14 secciones es aún más valiosa.

Anatomía de 14 pasos de la mejor carta de ventas jamás escrita

El esqueleto de la carta de ventas es el siguiente:

#1 Titular.

"No es raro que un cambio en los titulares multiplique los retornos de cinco a diez veces". – Claude Hopkins

¿Alguna vez irías a pescar sin carnada o señuelo?

Una carta de ventas sin un título de calidad es casi inútil, porque el título es lo primero que ve el lector y, por lo tanto, es el elemento más esencial de la redacción publicitaria.

Es el cebo.

La carta de ventas de $2 mil millones utiliza el titular más relevante y confiable posible para los compradores de la revista: "Wall Street Journal".

#2 Introducción personal.

"No sé las reglas de la gramática. Si estás tratando de persuadir a la gente para que haga algo o compre algo, me parece que deberías usar su lenguaje". -David Ogilvy

Hay muchos métodos para emplear, pero aquí vemos el que considero el más efectivo de todos: ser personal.

A veces, la redacción publicitaria autorizada funciona, pero todo gran redactor sabe cómo hablarle al hombre común, es decir; tú, yo y todos los demás que no caen en la categoría del 1% de "élites" (herederos del dinero de papá).

También vale la pena mencionar el uso de preguntas en esta carta de ventas. Hacer buenas preguntas (preguntas que prácticamente siempre se responden con un "sí") es una forma de "redacción publicitaria del sí". Cuanto más haga que su lector diga que sí, mayores serán sus posibilidades de hacer la venta.

3 Historia.

"La persona que dice 'Yo nunca leería toda esa redacción publicitaria' comete el error de pensar que es el cliente. Y no lo son. – Dan Kennedy

Recuerde, *los hechos cuentan, las historias venden.*

Basta de charla.

4 El problema.

"Vivir es hacer la guerra a los trolls". -Henrik Ibsen

No existe tal cosa como una historia sin conflicto, y de manera similar, no existe tal cosa como una carta de ventas sin un problema de consumo que resolver.

En este caso, el problema se puede comunicar con una pregunta: "¿Qué hizo <inserte el nombre de la persona más exitosa que usted aquí> de manera diferente?"

Si puede identificar el mayor problema de su cliente, está a la mitad de la fórmula de $ 2 mil millones.

5 La solución.

"Tan pronto como abres tu mente para hacer las cosas de manera diferente, las puertas de la oportunidad prácticamente salen volando de sus goznes". -Jay Abraham

Y aquí está la segunda mitad.

La solución le da a su consumidor objetivo la respuesta a su dilema.

El consumidor objetivo del WSJ necesitaba conocimientos, conocimientos que "el Journal" estaba más que dispuesto a brindar.

6 USP.

"La publicidad le dice a la gente, 'Esto es lo que tenemos. Esto es lo que hará por usted. Aquí está cómo conseguirlo." - Leo Burnett

¿La propuesta única de venta? "Wall Street Journal es el *único* diario económico nacional del país".

7 Beneficios de compra.

"Estudia primero a tu lector, segundo a tu producto". - Roberto Collier

Los beneficios de compra son similares a los de la USP, pero son menos exclusivos. En lugar de USP, son simplemente SP.

#8 Más beneficios de compra y más USP

"Un redactor debe tener 'comprensión de las personas, comprensión de ellas, simpatía hacia ellas". -George Gribbin

Autoexplicativo.

#9 Llamada a la acción

"El consumidor no es un imbécil; ella es tu esposa. –David Ogilvy

"Simplemente complete la tarjeta de pedido adjunta y envíela por correo a..." Un llamado a la acción simple y claro, seguido de...

#10 Garantía, la Primera

"Una garantía elimina el riesgo de comprar, por lo que es más fácil confiar y luego comprar". - Me.

...la primera garantía, "Si el Journal no está a la altura de sus expectativas, puede cancelar este acuerdo de prueba..."

#11 Terminando la historia

"Todos los elementos de un anuncio están diseñados principalmente para hacer una cosa y solo una cosa: lograr que lea la primera oración de la redacción publicitaria". –Joe Sugarman

Un buen artículo de revista o publicación de blog completa el círculo de la historia al conectar la introducción con la conclusión.

Lo mismo se puede aplicar efectivamente a la carta de ventas.

Aquí nuestro redactor completa el ciclo de la historia al volver a empaquetar el beneficio principal; conocimiento valioso que cambia la vida y que solo se puede encontrar en un lugar: el Wall Street Journal.

#12 Garantía, la Segunda

"Usa un diccionario de sinónimos. Ve a comprar un diccionario de sinónimos REAL. Todos los mejores escritores tienen un tesauro de orejas de perro". - John Carlton

El panecillo inferior en este sándwich de garantía es que "encontrará el Journal siempre interesante, siempre confiable, siempre útil".

#13 Cierre personal

"He aprendido que cualquier tonto puede escribir un mal anuncio, pero que se necesita un verdadero genio para mantener sus manos alejadas de uno bueno". - Leo Burnett

"Atentamente", seguido de la firma del vicepresidente.

Pero no hemos terminado.

¡Ninguna carta de ventas termina sin una buena nota PS a la antigua!

14 "PD: me encanta su incentivo adicional para comprar"

"Muestre un lado positivo, el lado feliz y atractivo, no el lado oscuro y poco atractivo de las cosas. Muestre belleza, no sencillez... No muestre las arrugas... Sus clientes saben todo sobre las arrugas". - Claude Hopkins

Muchas personas en este punto están al borde de comprar, y solo necesitan un beneficio de un grano de arroz para inclinar su balanza de juicio.

Todo el propósito de la sección PS es darle a su lector un último empujón adicional hacia la línea de meta.

Y ahí lo tienes.

Diseccionar un cerebro puede ser interesante, pero tengo la sensación de que la lección de anatomía anterior es más productiva que cualquier cirugía cerebral amateur, sea de Einstein o no.

19
Secretos en Neurocopywriting

"Póntelo fácil. Haz que la impresión sea duradera. Hazlo atractivo a la vista. Que sea agradable de leer". Leo Burnett es un director creativo que ha trabajado en diversos proyectos.

Admítelo: que te pidan que crees una entrada en un blog te pone nervioso, no importa lo excelente que seas como vendedor en Internet. ¿Por qué los profesionales del marketing prefieren golpear sus puños contra las paredes que concentrarse en un artículo de blog atractivo que genere conversiones?

El marketing de contenidos se ha convertido en la habilidad más crítica para los vendedores que buscan trabajo. Las habilidades de redacción son obviamente ventajosas porque producir artículos interesantes es difícil y no todo el mundo es capaz de hacerlo. Incluso si crees que no eres un buen escritor, siempre hay oportunidad de progresar. Tu escritura no tiene por qué ser insoportable y hay algunas técnicas sencillas que puedes emplear para mejorar tus habilidades. Lo único que necesitas es un poco de disciplina y ganas de aprender.

En la siguiente sección veremos diez técnicas sólidas para mejorar tus dotes de escritor.

1. Escriba para una sola persona.

Debes abordar la redacción como si escribieras para una sola persona e intentaras despertar su interés. La redacción de textos publicitarios consiste en compartir tu experiencia de la manera más eficaz posible para que tu campaña de marketing tenga éxito, y si puedes captar la atención de una sola persona, el resto vendrá. Escriba como si estuviera enviando un correo electrónico; sea amable, utilice el humor e incluya toda la información posible. Considera tu material como una carta de presentación, y tu escritura mejorará notablemente". Todos los libros, según una teoría, son esencialmente cartas escritas a un solo individuo. Esto es lo que yo creo. Creo que cada autor tiene un único lector ideal, y que el escritor se pregunta en voz alta a sí mismo durante el proceso de escritura: "Me pregunto qué pensará cuando lea esta parte". Tabitha, mi mujer, es la primera lectora para mí". - Autor Stephen King

2. Repasa los fundamentos

Debes aprender los fundamentos de la escritura antes de empezar a elaborar un texto excepcional. Esto no implica que debas tener una licenciatura en literatura, pero debes dominar la gramática y la ortografía. Debe leer buenas novelas, estudiar sus estilos y esforzarse por pulir y personalizar su texto. Tu contenido será más convincente si mejoras la gramática y la ortografía.

3. Trabajo en colaboración

La escritura es una actividad mayoritariamente solitaria, pero cuando se trabaja en grupo y se tiene una empresa medianamente grande, se puede aprender de los compañeros y recibir críticas muy necesarias que ayuden a crecer. Encuentra a otra persona que se esfuerce por mejorar su escritura y colabora con ella. Pregunta a tus compañeros de trabajo o a tus amigos si estarían dispuestos a corregir tu trabajo. Esto verificará que tu redacción publicitaria está libre de errores u omisiones.

4. Cree un título convincente

Si tu título no es convincente, no conseguirás nada a cambio de tu material. Intente desarrollar su capacidad para escribir titulares pegadizos; entienda el oficio y perfecciónelo. Empieza por leer diversos periódicos y publicaciones importantes para descubrir cómo construyen sus titulares. Examine el trabajo de otras personas para encontrar lo que mejor funciona para su público.

"El titular se lee cinco veces más que el cuerpo del material por término medio. Ya has gastado ochenta centavos de dólar cuando has terminado de escribir el titular". David Ogilvy es una agencia de publicidad británica fundada por David Ogilvy.

5. Sea breve y atractivo.

Aunque el material sea excelente, la mayoría de la gente no leerá párrafos largos. Por supuesto, si es breve, suena sencillo y agradable. En general, es más probable que las personas encuentren fascinante el párrafo inicial y lean el artículo completo si se mantiene breve.

El comienzo de tu texto debe ser cautivador, y puedes hacer lo que quieras; incluir una pregunta intrigante, presentar datos o hacer una afirmación absurda que despierte la curiosidad de tu lector.

6. Siga los pasos de los autores que admira.

Ten en cuenta que copiar no es lo mismo que plagiar. Nunca es aceptable plagiar el trabajo de otra persona y reivindicarlo como propio. Lo que sí puedes hacer es intentar escribir en el estilo de los autores que lees a diario. Examina las partes de su obra que más te gusten y mira si puedes incorporar tácticas similares a tu propia escritura.

Si añaden comedia, hazlo si lo disfrutas. Si son constantemente serios, dale una oportunidad y comprueba si tiene el mismo efecto en tus lectores que en ti.

7. Utiliza las viñetas.

Prueba con otras búsquedas para encontrar posts con listas sobre alimentos que quieres comer o lugares de viaje que quieres visitar este verano. Créeme cuando te digo que este tipo de posts han sido un gran éxito desde... siempre. Sí, los textos con viñetas siempre han sido más eficaces que los textos con párrafos, desde el principio de la redacción hasta hoy y en el futuro.

Las viñetas facilitan a los lectores el escaneo del material, y si a tus lectores les gustan, a ti también te gustarán.

8. Edita sin piedad.

Si quiere ser un gran editor, debe lograr esto de una vez por todas. Editar es un talento difícil de dominar, y mucha gente lo descarta como una pérdida de tiempo. La edición, en cambio, puede añadir mucho valor a tu material y no necesita mucha reescritura.

La edición de textos revelará mucho sobre su capacidad de escritura. Empieza por eliminar las palabras innecesarias e intenta escribir frases breves, asegurándote de que tu mensaje sea claro y de que se haga poético. Debes ser duro contigo mismo, y cuanto más brutalmente revises tu contenido, mejores serán los resultados.

9. Haz los deberes

La mayoría de los artículos que he leído hoy son plagiados. Incluso dan reconocimiento a la fuente, y si no lo hacen, se aseguran de que no aparezca ni una sola sílaba de su trabajo en el artículo de otro; eso es hacer trampa. Puedes reescribir cualquier artículo y hacerlo tuyo cambiando las frases, pero eso sigue siendo plagio. Cuando se trata de tener éxito, entienda que no hay atajos.

Esfuérzate en realizar tu propia investigación, utiliza estadísticas en tu contenido y asegúrate de obtener o atribuir la información. Incluso si eres un novato, estudiar e incluirlas en tus artículos puede hacerte parecer más informado.

20
4 formas creativas de colocar testimonios en su redacción (y obtener más conversiones)

Su empresa podría estar perdiendo miles de dólares en ingresos. ¿Por qué?

Testimonios mediocres.

Como empresa, cantas alabanzas sobre tu oferta. Le dices al mundo lo genial que es y cómo sus características mejorarán la vida de todos.

Lo que convence a un posible comprador es ver cómo has ayudado a clientes anteriores. Tu audiencia quiere ver personas cuyas vidas están mejor porque compraron lo que estás vendiendo.

- ¿Qué cambios positivos ocurrieron?
- ¿Por qué sus vidas son mejores?
- ¿De qué maneras tangibles?

Los testimonios son una de las mejores formas de convencer a los clientes para que compren su producto o servicio. Eso es lo que los hace tan poderosos. Ayudan a los lectores a imaginar los resultados positivos de su producto o servicio.

De alguna manera, los testimonios describen su oferta incluso mejor que usted. Provienen de experiencias reales y significativas de los clientes.

Ahora, piense en los testimonios en su sitio web.

¿Todos sus testimonios muestran estas cosas? ¿Son beneficiosos para su negocio? En otras palabras, ¿te están ayudando a vender?

Este capítulo le brindará las herramientas que necesita para responder estas preguntas si no está seguro. Aprenda qué hace que los testimonios sean "buenos" y cómo posicionarlos para aumentar las conversiones.

Si está ansioso por hacer que sus testimonios en su redacción generen más ventas para el negocio, lea más para comenzar a usar estos consejos hoy.

Tabla de contenido

    - ¿Muestran comparaciones entre productos o servicios similares?
    - ¿Puede su público objetivo relacionarse con ellos?
    - ¿Abordan las preocupaciones potenciales de su lector?
    - ¿Son de personas creíbles?
- Manera creativa de colocar testimonios en su redacción publicitaria #4: elija el lugar correcto
    - Páginas de ventas y páginas de aterrizaje
- Haga que sus testimonios sean los que vendan

Por qué son importantes los testimonios

Los testimonios correctos lo ayudan a persuadir a los lectores a comprar su producto o servicio.

Como seres humanos, somos reacios a separarnos de nuestros preciados recursos, como nuestro dinero, tiempo y atención. Esto se debe a que queremos estar seguros de que lo que obtenemos a cambio vale la pena. Queremos cosas que nos ayuden a lograr resultados positivos y evitar los negativos.

Imagínese comprar una herramienta para rebanar plátanos que triture los plátanos en lugar de cortarlos.

¿No te sentirías enojado, engañado y estafado? ¿No sentirías que fue una pérdida de dinero?

Es por eso que los testimonios son tan valiosos. Si, por ejemplo, esta cortadora de bananas obtuvo 0 estrellas y malas críticas en línea, sabrás que no debes comprarla.

Los testimonios de los clientes también son una excelente manera de generar confianza con nuevos compradores potenciales. Después de todo, es más probable que las personas confíen en personas reales antes que en una entidad comercial. Si los lectores ven que su producto o servicio funciona y cómo ha mejorado la vida de las personas, confiarán en su marca.

Pero, ¿todos los testimonios son iguales? La respuesta corta es no.

Así es como puede generar credibilidad y confianza con los clientes de sus sueños.

Manera creativa de posicionar testimonios en su redacción publicitaria #1: buenos testimonios frente a malos testimonios

¿Conoces la diferencia entre un buen testimonio y un mal testimonio?

No estoy hablando de comentarios y críticas positivas o negativas. Me refiero a lo que hace que los testimonios sean útiles para su negocio.

Los testimonios son avales de su producto o servicio. Significan para las personas si su producto o servicio es uno de los buenos. Podrías pensar que mientras el comentario sea positivo, funciona, ¿verdad?

Bueno, ese no es exactamente el caso...

Imagina que tu empresa vende una aplicación llamada Banana Tracker. Cuenta cuántos plátanos comes y controla tu ingesta de potasio durante el día para ayudarte a perder peso.

Ahora piense si los compradores interesados visitaron su sitio web y solo leyeron comentarios de testimonios anónimos y anónimos que dicen "Es bueno", o "Hace el trabajo", o incluso "¡¡ES INCREÍBLE!!!" ¿Eso los va a convencer de comprarlo?

Claro, estos comentarios son favorables. El problema con estos testimonios es que no ilustran los beneficios.

¿Fue fácil usarlo? ¿Les ayudó a perder peso en poco tiempo? No hay suficientes detalles que muestren por qué su experiencia es tan positiva.

Además, su audiencia no sabe de quién son estos testimonios y no tiene forma de relacionarse con ellos. Dado que estos comentarios son tan vagos y genéricos, ¿cómo pueden sus lectores estar seguros de que son de personas reales?

No hay motivo para creer que su oferta es la mejor o que ayudará a los compradores interesados a alcanzar sus objetivos.

Eso es lo que deben mostrar sus testimonios.

Los testimonios deben ayudar a los lectores a visualizar los resultados positivos de su producto o servicio. Ese es el empujón que necesitarán para probar tu oferta.

Hay una variedad de formas en que puede mostrar testimonios en su sitio web:

- **Tarjetas de Twitter:** imágenes de tweets de clientes anteriores que estaban satisfechos con su producto o servicio. Puntos de bonificación si hay una marca de verificación azul junto a su nombre para indicar la credibilidad del revisor.

- **Logotipos de empresas:** Logotipos de empresas y marcas que han utilizado su producto o servicio y lo respaldan.

- **Figuras de autoridad:** líderes de la industria o figuras públicas que recomiendan su producto y son bien conocidas por su público objetivo.

- **Citas:** comentarios y reseñas de clientes reales que han experimentado resultados positivos con su oferta.

- **Videos testimoniales:** Mensajes en video de clientes anteriores que explican cómo su oferta los ayudó a resolver sus problemas.

- **Estudios de casos:** un examen detallado de cómo funciona su producto o servicio en casos del mundo real.

- **Logros y estadísticas comerciales:** Hitos y objetivos alcanzados por su empresa con pruebas detalladas.

- **Premios y reconocimientos:** Certificados de los premios que ha recibido su empresa a lo largo del año.

Puedes mostrar tus testimonios como quieras. Pase lo que pase, necesitan resaltar cómo su oferta mejoró la vida de los clientes.

Manera creativa de colocar testimonios en su redacción publicitaria #2: recopile sus testimonios

Si comienza a sentirse menos seguro acerca de los testimonios que está utilizando, no entre en pánico. Eso no significa que su producto o servicio sea terrible. El problema es que es posible que no esté recopilando tantos comentarios como podría.

Para comenzar, intente ofrecer a los clientes más formas de compartir cómo se sienten acerca de su compra.

Por ejemplo, podría incluir un enlace en la página de su producto para que los clientes anteriores puedan dejar una reseña. O puede enviarles un correo electrónico de seguimiento preguntándoles sobre su experiencia posterior a la compra.

También ayudará incluir un CTA fuerte. Podrías escribir algo como "Dinos qué te pareció el producto X" o "Comparte tu experiencia con nosotros". Incluso podría agregar un incentivo para ellos, como un cupón para su próxima compra o crédito en la tienda.

Si desea presentar testimonios, solicite permiso a sus clientes antes de publicarlos. También puede decirles qué información mostrará y dónde encontrarla en su sitio web.

Es posible que no encuentre testimonios útiles o que no tenga suficientes para elegir. Intente ofrecer su producto o servicio a un grupo selecto de clientes de forma gratuita. A cambio, obtenga sus opiniones honestas y comentarios sobre su experiencia.

Excelentes testimonios deben provenir de clientes que han pagado por su oferta. Si los comentarios y reseñas correctos provienen de este intercambio, la pérdida de ingresos valdrá la pena a largo plazo.

Recuerde, los testimonios efectivos venderán por usted. Use los criterios a continuación para ayudarlo a decidir si no está presentando los correctos en su sitio web.

Manera creativa de posicionar testimonios en su redacción publicitaria #3: elija los testimonios correctos

¿Ilustran los beneficios de su oferta?

Un buen testimonio detalla detalles sobre los beneficios de su oferta o los resultados positivos. Deben incluir dos puntos principales: el logro específico de un cliente y el tiempo que les tomó alcanzarlo.

Volvamos al ejemplo anterior de la aplicación de seguimiento de bananas.

Un testimonio convincente de Banana Tracker podría decir: "Después de usar la aplicación, he estado comiendo cinco bananas al día mientras maximizaba mi ingesta de potasio. ¡Y me ayudó a perder 15 libras en el primer mes de usarlo!"

¿Puedes ver cuán persuasivo es este testimonio? Detalla lo que el cliente logró, cuánto y en cuánto tiempo. Por eso, es más fácil para los clientes potenciales imaginarse logrando las mismas cosas. Eso puede persuadirlos más para comprar el producto.

De nuevo, la gente tiende a ser escéptica antes de comprar algo nuevo. Sin ejemplos de la vida real de los beneficios de su oferta, los clientes se mostrarán reacios. Si puede hacer que visualicen los resultados de clientes anteriores, esas preocupaciones desaparecerán.

¿Muestran comparaciones entre productos o servicios similares?

Los testimonios también comparan su oferta con otras en el mercado y muestran por qué la suya es mejor.

Estos comentarios no tienen que destrozar a tus competidores por su nombre. De hecho, no deberían. En su lugar, deben resaltar cuánto mejor es su producto o servicio.

Un ejemplo de Banana Tracker podría decir: "Pasé años probando todas las aplicaciones de seguimiento de actividad física del mercado, incluidos (ejemplo A) y (ejemplo B). Así que cuando salió Banana Tracker por primera vez, lo admito, estaba escéptico. Pero esta aplicación tiene todo lo que siempre quise en una aplicación de fitness.

Otras aplicaciones tienen interfaces torpes llenas de anuncios. Banana Tracker se centra en lo esencial. Me ha ayudado a concentrarme en las cosas importantes y optimizar mis ganancias. No te molestes con las otras aplicaciones. Consigue este.

Este testimonio funciona porque esta persona ha hecho el trabajo para su audiencia. No tienen que gastar su propio tiempo y dinero probando cada aplicación de fitness ellos mismos. Este testimonio puede empujarlos a elegir su aplicación de inmediato.

En pocas palabras: testimonios como estos ayudan a los prospectos a reducir su lista de opciones. Los mejores harán que elijan tu marca sobre otras. Estos son los que necesita resaltar en su sitio web.

¿Puede su público objetivo relacionarse con ellos?

Los testimonios deberían ayudar a su cliente potencial a relacionarse con sus clientes anteriores.

Vamos a referirnos a Banana Tracker. Supongamos que su público objetivo son personas que comienzan su viaje de acondicionamiento físico. Quieren ver ejemplos de clientes anteriores en etapas similares que alcanzaron los objetivos que quieren lograr.

Suponga que todos sus testimonios provienen de atletas olímpicos que ya están en forma. En ese caso, sus clientes objetivo pueden sentirse desalentados o intimidados. Luego, pueden buscar otras opciones que parezcan más adecuadas para su nivel.

Tus testimonios deben provenir de personas con las que tus clientes ideales puedan identificarse. Pueden ser del mismo lugar o estar en la misma industria. Lo que deben compartir son las mismas metas, deseos e inquietudes.

Si los prospectos ven que personas similares usan su producto o servicio con éxito, es más probable que lo compren.

¿Abordan las preocupaciones potenciales de su lector?

Hablando de preocupaciones, los buenos testimonios también manejan las objeciones. Esperan y mitigan cualquier inquietud o pregunta potencial que tengan los clientes potenciales.

Nuevamente, es natural que las personas se muestren renuentes antes de comprar algo. Queremos estar seguros de que nuestra compra vale la pena. Si los compradores interesados ven que se abordan sus inquietudes, se calmarán.

Un ejemplo para su aplicación Banana Tracker es: "Al principio no entendía por qué era importante comer tantas bananas al día. ¡Pero después de una semana de maximizar mi ingesta de bananas, tenía más energía, estaba menos estresada y me sentía más feliz que en años!"

Imagina que un comprador potencial que se muestra escéptico con respecto a esta aplicación lee este testimonio. Tampoco entienden los beneficios de los plátanos y el potasio. Puede ser difícil para ellos imaginar el sentido de usar una aplicación de seguimiento de bananas.

Por supuesto, en su sitio web, habrá enumerado todos los aspectos positivos de comer plátanos y potasio. Pero escucharlo de una persona real es más impactante para un lector reacio. Por eso es esencial asegurarse de que está abordando estas preocupaciones.

Si es un desafío pensar en posibles preocupaciones, eche un vistazo a los comentarios de los clientes. Vea si puede encontrar comentarios que mencionaran las preocupaciones que tenían antes de su compra. Averigüe si hablaron sobre alguna experiencia negativa con otras marcas.

Si no puede encontrar este tipo de comentarios de sus clientes anteriores, intente buscar en línea. Consulte los sitios de redes sociales o los foros públicos para ver con qué tiene problemas su público objetivo. Averigüe lo que desean de lo que está vendiendo. Es posible que deseen más esquemas de color o que agregues una característica nueva.

A partir de esta investigación, deberías haber encontrado algunas preguntas frecuentes sobre tu oferta. Una vez que tenga estas preguntas, asegúrese de que sus testimonios las aborden.

¿Son de personas creíbles?

Asegúrese de que los testimonios que presenta en su sitio web provengan de personas confiables. Esto significa personas que son reales y reconocibles para su lector.

Un testimonio creíble incluye una cara, un nombre y antecedentes. Esta información debe ser relevante para su cliente ideal. También podría ser de una figura pública conocida por su público objetivo.

Volviendo a Banana Tracker, digamos que un nuevo actor (que no está muy en forma) fue elegido para ser el próximo superhéroe de Marvel. Luego, decidieron usar su aplicación para ponerse en forma. Ese sería un gran testimonio para incluir en su sitio web. La gente acudirá a tu aplicación.

Una vez más, es más probable que las personas confíen en otra persona antes que en una entidad comercial. Los testimonios en su sitio web deben actuar como prueba de que su oferta funciona como se anuncia. Así que sé metódico con los testimonios que elijas.

Es importante tener en cuenta que ningún testimonio va a cumplir con todos los criterios anteriores. Por eso es tan importante recopilar una amplia gama de comentarios de sus clientes. Una vez que tenga testimonios que cumplan con estos estándares, los utilizará para generar más ventas.

Manera creativa de colocar testimonios en su redacción publicitaria #4: elija el lugar correcto

Ahora que tiene una colección de testimonios útiles, es hora de presentarlos en el lugar correcto de su sitio web.

En su página de inicio, coloque su testimonio más enfático en la parte superior, frontal y central de su sitio web. Esto incluye testimonios de líderes de la industria o figuras públicas conocidas por su audiencia. Su audiencia verá de inmediato que su negocio es de primera calidad.

Intente colocar otros testimonios de manera que su lector los vea. Podría mostrar los logotipos de empresas o marcas reconocibles con las que ha trabajado en un lugar visible.

Ponga los testimonios en el centro de su página de inicio. Presenta clientes altamente creíbles, como directores ejecutivos, cofundadores o personas influyentes en tu industria. Asegúrese de incluir el nombre, la imagen y los enlaces sociales de la persona en su perfil, si es posible.

A menudo, los lectores solo hojearán su sitio web para obtener la esencia de lo que está vendiendo. Por lo tanto, desea asegurarse de que obtengan la mejor impresión posible al ver cuán felices están sus clientes.

Para asegurarse de que sus testimonios funcionen, utilice un software de seguimiento como Google Analytics o Spectoos. Hacer esto puede determinar qué testimonios son más útiles para usted. Estas herramientas lo ayudarán a decidir qué testimonios son los más efectivos.

Asegúrese de mostrar un testimonio en cada página de su sitio web. Use un CTA fuerte que aliente a su cliente a probar su producto o servicio. Esto nos lleva a las páginas más importantes de su sitio web para las conversiones.

Páginas de ventas y páginas de aterrizaje

Los testimonios hacen que su cliente se convierta en ventas y páginas de destino. La diferencia radica en los procesos.

Las páginas de ventas se dirigen a nuevos clientes. Imagine que un nuevo cliente nunca antes ha oído hablar de Banana Tracker y quiere ver cómo funciona. Sus testimonios deben mostrar cuál es su producto y cómo les ayudará.

Muestre una miríada de testimonios que describen cómo Banana Tracker benefició a sus clientes. Cuanto más detallados sean sus testimonios y más sigan los criterios anteriores, más convincentes serán.

También puede agregar testimonios cerca de la página de precios o pago para abordar inquietudes.

Sus testimonios en las páginas de ventas comienzan a generar confianza, confiabilidad y credibilidad.

En las páginas de destino, los testimonios funcionan de manera diferente. Las páginas de destino también son un excelente lugar para usar testimonios porque se enfocan en un solo comprador. Cuando alguien llega a su página de destino, significa que está listo para realizar una compra.

Un testimonio aquí es como un empujón adicional que los clientes necesitan antes de presionar el botón "comprar". Aquí, sus testimonios también pueden superar cualquier objeción de última hora que puedan tener sus clientes.

Por ejemplo, ¿qué sucede si su nuevo cliente se acobarda? Su testimonio estará allí para asegurarles que están tomando la decisión correcta. También puede atraerlos con la promesa de los mismos resultados que sus clientes anteriores.

Tanto en sus páginas de ventas como de destino, asegúrese de que sus testimonios no eclipsen su CTA.

Si posiciona bien los testimonios en estas páginas, aumentará sus tasas de conversión.

Haga que sus testimonios sean los que vendan

Ahora ya sabe lo que constituye un buen testimonio y cómo usarlo de la manera correcta para mejorar sus ventas.

Incluso si la retroalimentación es positiva, debe seguir los criterios que aprendió en esta publicación de blog. De lo contrario, no convencerá a los clientes potenciales de probar tu oferta.

Sus testimonios deben demostrar las afirmaciones positivas que hace su marca.

Tus lectores deberían poder imaginar los beneficios específicos de tu oferta.

Necesitan ver cómo ha ayudado a clientes anteriores a lograr sus objetivos o solucionar sus problemas.

Encuentre los testimonios correctos y colóquelos en los lugares correctos en su sitio web. Su nuevo cliente verá lo correcto en el momento correcto y hará clic en el botón de compra.

Agradecimientos

Muchas gracias por haber llegado hasta el final de este libro.

Si te ha gustado el contenido y consideras que has aprendido algo interesante que puede mejorar tu vida, estaría muy agradecido si pudiera dejarme una valoración al respecto.

★★★★★

Para mí significaría mucho y me ayudaría a seguir aportando contenido de valor a la comunidad =)

¡Muchas gracias!

Allan Trevor

Echa un vistazo a mi página de autor para encontrar más libros similares en mi colección. Haz Clic Aquí:

http://bit.ly/AllanTrevorColección

O utiliza el siguiente código QR:

Made in United States
North Haven, CT
13 October 2022